U0066559

開啟0～3歲寶寶的溝通語言天賦

語言治療師說給你聽

黃瑞珍、鄭子安、黃艾萱、李卉棋、林姵妡 ——— 著

張簡育珊、廖國翔 ——— 繪圖

心理出版社

目次

註：出現於文字右上角的紅色數字，代表所引用的文獻，請參見第 117～123 頁。

作者簡介

黃瑞珍

學歷：美國奧瑞岡大學語言治療哲學博士

經歷：台北市立大學特殊教育學系暨語言治療碩士學位學程副教授兼主任

著作：《優質 IEP：以特教學生需求為本位的設計與目標管理》

　　　《華語兒童語言樣本分析：使用手冊》（CLSA）

　　　《華語兒童口腔動作檢核表》（OMAC）

　　　《零歲至三歲華語嬰幼兒溝通及語言篩檢測驗》（CLST）

　　　《華語兒童理解與表達詞彙測驗》（REVT）

　　　《華語學齡兒童溝通及語言能力測驗》（TCLA）

　　　《開啟 0～3 歲寶寶的溝通語言天賦：語言治療師說給你聽》

　　　《打造 0～3 歲寶寶的溝通語言能力：讀寫萌發、社交溝通、語言遊戲》

　　　（皆為合著）

榮譽：台灣第一屆師鐸獎

　　　台灣聽力語言學會學術貢獻獎

　　　行政院國家科學委員會最佳學術研究獎

　　　國家第一等服務勳章

鄭子安

學歷：台北市立大學語言治療碩士學位學程

經歷：宏恩醫院語言治療師

　　　台北市立聯合醫院早期療育發展評估中心語言治療師

　　　台北市學校巡迴語言治療師

　　　台北護理健康大學語言治療與聽力學系兼任講師

執照：台灣專技高考語言治療師考試及格

現職：台北護理健康大學語言治療與聽力學系聽語中心臨床督導

黃艾萱

學歷：台北市立大學語言治療碩士學位學程

經歷：苗栗縣立苗栗國中特教班特教教師

執照：台灣專技高考語言治療師考試及格

現職：苗栗縣立公館國中資源班特教教師

李卉棋

學歷：台北市立大學語言治療碩士學位學程

執照：台灣專技高考語言治療師考試及格

現職：台北市立吳興國小資源班特教教師

林姵妡

學歷：美國俄亥俄州辛辛那提大學語言治療碩士

經歷：美國加州蒙特雷學區學校語言治療師

執照：美國語言治療師（CCC-SLP）

　　　台灣專技高考語言治療師考試及格

　　　特教學校（班）國民小學身心障礙組教師資格

現職：馬偕醫學院聽力暨語言治療學系聽語中心督導

推薦序

　　人類與動物最大的不同，就是人類使用語言作為溝通的主要工具。而語言的習得以及語言能力發展的里程碑，一般父母確實都不大知道。尤其是由零歲至三歲的小寶寶們，他們牙牙學語需要一些什麼重要的元素也是父母必須具備的常識。

　　這本書命名為：開啟 0～3 歲寶寶的溝通語言天賦，正是針對父母們的需要。語言習得的黃金期是在 3 歲之前，但一般大眾卻認為小寶寶到了 3 歲不說話並不是什麼嚴重的問題，而事實上並非如此。

　　本書的作者黃瑞珍教授是我認識多年的專業學者，她和她的工作團隊認真地將寶寶們學習語言的重要資訊，以深入淺出的方法獻給了大家，並且回答了很多家長想要知道的問題，字裡行間充滿了對人類的關愛。同時，本書也將寶寶們學會的前 300 個詞詳細分類供讀者參考，語言言語治療的專業介紹也是非常清晰，插圖生動有趣，是一本我期待的好書。

劉麗容

前國際言語音聲學會（IALP）主席

美國聖地牙哥州立大學語言聽力學系教授

作者序

　　本書作者是由一群對嬰幼兒溝通語言發展之專業人員所組成，每天的工作就是研究與臨床服務眾多有語言治療需求的孩子與父母。本團隊經由數十年的努力累積了許多資料與經驗，深知父母及大眾的需要，因此整理出現階段有關嬰幼兒溝通語言的基本常識和常見問題，以達到下列目的。

・整理現階段科學研究的實證，以節省父母的寶貴時間

　　語言治療領域和醫學研究及教育研究一樣，不斷有新知出現。處於資訊爆炸時代，網路上的資訊雖多卻散雜一片，有些則是街頭流傳並沒有做過實證研究，常會讓父母無所適從。本書即整理出現階段的科學研究實證並配合圖文解釋，讓父母可以一目了然，立刻便能使用。

・提供階段性發展的行為表現，協助父母了解孩子的成長狀況

　　透過本書所整理出來的表格，父母可以依據孩子的年齡階段來觀察和勾選，以協助父母了解孩子的語言發展狀況，不再擔心孩子會跟不上同儕。

・提供簡單易懂，具易讀性、簡潔性、實用性的知識，節省父母的摸索時間

　　華語的語言溝通系統是如此深奧，因此對新手父母而言，更是難以理解寶寶所想與所要表達的是什麼？作者群深知父母的辛苦，更了解華語溝通語言文化與國外文化大不相同，因此本書把 0～3 歲華語寶寶常見的溝通語言議題納入其中，用深入淺出的文字與圖片説明，讓廣大的華語家庭與父母從寶寶出生後，便可以開始輕鬆學習如何引導寶寶的溝通力與語言力。

・回應父母教養時常問的溝通語言相關問題

　　透過為父母所整理出來的「寶寶的溝通語言 Q 與 A」，從各面向替父母

常有疑慮的問題一一做解答，父母可以逐一細讀語言溝通發展的迷思與省思，也可以根據有疑惑的面向來選擇想要閱讀的內容，以更快了解孩子的語言發展及能力表現。

・提供實用的知識給醫師、語言治療師、幼兒園教師、早療專業或其他相關人員之參考

　　這本書不只是獻給廣大的華語家庭，也提供醫師、語言治療師、幼兒園教師，或其他相關人員之參考與應用。本書中的溝通語言發展表格與內容，更是整合國內外文獻的科學證據之結果，並列出參考資料，方便有興趣的讀者可以取得更多的訊息。

・謝誌

　　走過三年多，這份禮物終於打造完成。在此有許多天使需要一一致謝，因為你們的參與，才成就這本書。首先是 PK TALK 團隊的夥伴們，不離不棄，在繁忙日子裡，擠出時間；在遇見瓶頸時，彼此激盪，堪稱「兒童語言五月天」。接著，感謝專業插圖設計與繪製者廖國翔語言治療師與張簡育珊插畫家，因著活潑生動的表現，使內容充滿了情境，增添易讀性。除此，更要感謝四位曾是研究生的劉義翔、賴郁真、黃冠寧、鄧海莉，他們的最新研究結果補足本書實證的基礎。還有連儀語言治療師在團隊需要時，及時救援成功。更奇妙的是，上帝派來了一位天使——呂英菖藝術家，打造「方舟上的禮物」，詮釋了語言是上帝送給人類的特殊禮物，等待大家來開啟。

　　此外，本書有六位在兒童語言領域深具專業的學者願意幫我們推薦。首先是美國聖地牙哥州立大學語言聽力學系的劉麗容教授，也是前國際言語音聲學會（IALP）主席。劉教授有著超人的語言天賦，會說七種語言，五十年來深耕語言治療，服務全球各地有需要的國家、人種、跨文化的地區，特別是開啟了許多國家的專業訓練課程，她的熱情、專業、謙虛與奉獻是我們的榜樣。還有國內學界、醫界與臨床佼佼者義不容辭的鼎力推薦：馬偕醫學院聽語學系暨馬偕紀念醫院耳鼻喉科林鴻清教授及醫師、台大醫院復健部盧璐

醫師、臺北市立大學幼教系王珮玲教授、台灣聽力語言學會葉文英理事長、臺大醫院復健部語言治療組張綺芬第一級語言治療師等；因著你們長久的鼓勵與支持成為我們向前行的動力，真心謝謝！

　　除此，也要謝謝我的兩位小孫兒：4 歲的 Ellie 及 1 歲半的 Evan，在陪伴他們的成長過程中，享受當阿嬤的溫馨，藉由細細的觀察，再次印證本書內容的正確性。還有本書最重要的編輯、協調與整合的專家——林敬堯總編輯，謝謝他的細心、耐心與專業。最後，更感謝本書智慧與能力的供應者——我深信的上帝，祂總是知道我們的需要，每每遇見祂派來的天使，把一切感謝讚美榮耀歸給祂！

瑞珍

　　數不清次數的發想、整理與修改，這些日子的點點滴滴都轉化成了書中的字字句句。此刻，心裡有太多的畫面與感動，回想三年前瑞珍老師發起這個夢想計畫，計畫背後的原因就是想為華語家庭做點事，而這樣單純的初衷，卻成為我們一路跌跌撞撞也不輕言放棄的理由。

　　一路上要感謝好多人，感謝瑞珍老師永遠費盡心力親力親為，這本書因為您，有了使命也有了延續；感謝一起奮鬥的好夥伴們姵妡、艾萱、卉棋，讓創作過程永遠不缺溫暖。在此也感謝教導過我的老師們與每位個案家庭給我的回饋，這些都形成了書中的養分。感謝心理出版社與林總編的用心與嚴謹把關，才能有高品質的出版。感謝國翔、育珊來來回回的溝通，有生命力的插畫讓文字活了起來。感謝呂英菖藝術家的跨界合作，讓知識型作品有幸能沉浸在濃厚的美學中。最後感謝我的家人與好朋友們，你們是我最大的力量來源；一起讓夢想的禮物書送出去吧～～

子安

　　三年了，在看到里程碑、各章定稿、排版之後，內心感受是澎湃到極致的。一個人走得快，一群人走得遠。PK TALK 是專業、有熱情的團隊，這本書是我們團隊的第一部作品，未來陸續會有各式各樣的作品推出，為華語語

言發展、為親子溝通盡一份力。一路走來,從主題不停調整、聚焦,不斷打掉重練,我們堅持住了。一路走來,不停有貴人相助,像是協助我們插畫的專業繪者們,耐心且專業的心理出版社,你們的出現讓我們的作品更加完美。謝謝團隊領導者瑞珍老師、細心謹慎的卉棋、腦袋清楚條理分明的子安、雙語強棒姵妡,沒有你們、沒有這得來不易的第一部作品,我愛你們!

艾萱

　　三年多前,瑞珍老師召集了大家,想給華語寶寶一份禮物,希望能揭開溝通及語言的奧秘,以有趣易懂的話題,透過父母或專業人員,營造有品質的親子溝通,以及有效能的語言治療。我們 PK TALK 團隊終於做到了!這是一份給華語寶寶的禮物,打開禮物盒,0～3 歲寶寶的語言天賦正式開啟!製作禮物盒的一千多個日子,過程精彩而曲折。回想起來,最想感謝的人是引領我接觸語言治療的特教婆婆——瑞珍老師,四十多年來不忘初衷,深耕語言治療,要求完美卻築夢踏實的態度,是我們後進的典範。

　　感謝 PK TALK 團隊裡的每個夥伴,你們就像是我的第二組家人,總是給我很多鼓勵與勇氣,讓我可以在團隊裡面加滿油再繼續與你們同行。感謝林總編帶領的編輯團隊,陪我們走了三年多。感謝我的藝術家好友呂英菖的參與,提供讀者這麼棒的視覺感受。感謝一路支持我的母親與先生,謝謝!我愛你們。

卉棋

　　三年多來,在無數的會議和討論後,這本愛的結晶終於誕生了。這份愛來自於身邊一起努力為孩子付出的家長給我們的回饋,以及臨床經驗豐富的團隊老師們從臨床經驗到專業實證之分享。感謝這一路走來各方專業的支持以及協助,總在我們找不到方向時指引一盞明燈,讓我們能繼續勇往直前。也謝謝藝術顧問呂英菖和心理出版社林總編總是有耐心地跟我們討論、修正、再討論,才能有現在的成果。最後,最要感謝的是 PK TALK 團隊的鼓勵和互相支持,一路走來不易,但我們還是辦到了!

姵妡

壹、寶寶的溝通語言能力

前言：溝通語言能力為什麼重要？

　　許多研究指出，兒童的溝通語言能力與其**學習能力、人際互動、情緒調控、口才思辨，甚至領導能力**都有相關。傳統學校教育重視學生個人的表現；現今學校教育則強調團隊的合作。從前的課桌椅都是一人一套各自分開；目前的幼兒園及國小階段多採分組併桌的方式。兒童自幼就需要學習如何與他人溝通、如何表達，**因此及早啟發嬰幼兒的口語能力，具備豐富的詞彙量、能妥善運用句法、了解說話情境與溝通對象，並善用言語的各種表情，將話說的清晰有條理**，對於未來之影響極大。

1.溝通語言能力強的孩子，學業成績會優異嗎？

學習指的是兒童在學校的學業表現，像是考試成績優異、進入好學校念書、畢業後拿到一流文憑、進入人人稱羨的好公司等這些能力，**絕大部分建置於優秀的聽、說、讀、寫能力，亦即高語言的智商。** 因此，寶寶從小溝通語言能力的正確啟發與引導，可為其奠定好的基石。寶寶約在 1 歲半之後就進入詞彙爆炸期，平均每天可以習得 5 個新的詞彙。要如此快速有效的學習，主要依賴兩項與生俱來的能力，亦即快速連配以及規約性、對比性的學習。詞彙量多寡會影響兒童進入學校書寫文字的閱讀能力，**快速的閱讀理解又可讓兒童加深加廣地學習，且與學業成就有直接相關。**

2.好口才可以從小訓練嗎？

除了讀寫的學習力之外，明確精準地表達自己的想法，以及如何與人溝通、分享、討論，甚至說服、影響他人，在現今的社會愈顯重要。思辨力（critical thinking）是指從不同角度思考事情；哈佛大學教育專家 Wagner[1]指出，二十一世紀必備的七種技能中，**思辨力即是首要能力**。未來世代所處的是資訊爆炸的世界，網路媒體充斥著各種新聞，如何判斷真偽，即需要思辨力，因此思辨力成為未來世代必備的能力。**兒童的口才思辯力不是看教學指引就可以學會，而是要從小不斷地在情境中演練**，這就有如游泳需要持續在水中練習一樣。因此，父母正確引導寶寶習慣用語言思考，以及提供寶寶語言表達的情境（亦即上台經驗）非常重要。**許多研究指出，父母在寶寶出生後經常與其「面對面」，觀察寶寶想溝通的意圖，也用「停看聽」的技巧傾聽寶寶的聲音**，其在自然互動中就在奠定未來的口才思辯力。

3. 愛哭鬧的孩子常有溝通語言問題嗎？

情緒是指寶寶從出生後，經由與他人互動而學習了解他人的情緒、調控自己的情緒，**並學習使用合宜的溝通語言，表達自己情緒的能力**。根據 Redmond[2] 的研究，發展性語言障礙兒童在前青春期時約有 28～50%會面臨身體或口語的霸凌，相較於一般兒童約 12～22%，口語表達不佳的兒童很明顯地容易被人欺負。van den Bedem 等人[3] 在連續 18 個月內，觀察兩群兒童的情緒力後發現，**語言力不足的兒童在學校較易被霸凌**。這群語言發展遲緩的兒童在情緒調節、理解情緒、表達情緒上，與語言能力有相互關聯性。因此，**建議學校及父母需特別注意兒童的語言力，才能有效提升情緒力**。

對傳統的華人家庭來說，嬰幼兒並不容易清楚表達自己的情緒，因為父母的角色較偏向以高壓、威權及過度保護的方式對待孩子；但這並不代表嬰幼兒就沒有情緒問題。亞里斯多德（Aristotle）曾說過：「人都會生氣，難的是適當地表達自己的憤怒，而且帶來正面的效果。」有些寶寶會用尖叫、哭鬧、不理人、摔東西、打人、咬人等亂發脾氣的方式來表達自己的需求，這時**父母需要等待幾秒鐘，並引導寶寶用語言或非語言的方式做合宜的情緒表達**。上述「面對面」、「停看聽」的技巧，對於親子互動、養成寶寶穩定的情緒力，相當有幫助。

4. 溝通語言能力強的孩子，人際關係會更好嗎？

　　美國哈佛大學成人發展研究從 1938 年起，在美國波士頓地區隨機選取了 724 名男性，每兩年進行面對面的訪談，長期追蹤長達 75 年，為史上最長的「幸福感」（happiness）研究。第四代研究教授 Robert Waldinger 於 2016 年在 TED 發表研究結果，吸引數百萬人觀看，其最重要的結論是：「美好的人生從良好人際關係開始。」可見，人際互動力是何等重要啊！

　　人際互動力除了會受到寶寶先天氣質的影響，例如：有些寶寶不怕生、喜歡交友，有些則是害羞內向；如何配合先天氣質加上後天引導，是父母可以學習的技巧，例如：**約在 3 歲左右，寶寶已開始學習察言觀色、留意爸媽的情緒，以及周遭互動者的意圖和需要**，因此會去拿拖鞋討好阿公、會分享點心給阿嬤、會主動打招呼、會輪流說唱兒歌、會排隊等候溜滑梯等，這些都是**社會性溝通的開始，也是未來社交智能人際互動力的基礎**。

　　總之，語言與溝通能力有著無與倫比的重要性，是寶寶必備的重要技能，也是身處在競爭激烈及全球化趨勢下，建構出類拔萃的要素。**父母能正確引導寶寶並培養溝通及優秀的語言能力，即是本書的目的。**

溝通語言能力的重要性

5.溝通為什麼那麼困難？

我們常聽到父母抱怨說：「我的孩子怎麼如此不聽話！」

妻子抱怨丈夫說：「他都不講話，實在很難溝通！」

老師抱怨學生說：「我講過幾次了，怎麼還聽不懂！」

主管抱怨員工說：「你真的很頑固，不知變通！回去檢討！」

同學間抱怨說：「小明很自私，只會坐享其成！才不想跟他玩呢！」

人和人之間的相處，都需要溝通，但為什麼溝通、相處如此的困難？

溝通一詞源自於拉丁文「communicare」（分享），指的是**思想、情感、意念、事實的傳遞，由一個實體或群體使用彼此約定俗成的語言及非語言連絡訊息**。溝通是一個複雜的過程，不僅可傳遞訊息的內容，也需判斷接收訊息的意義。因此，它是一種來回連續互動的過程 [4]。

溝通包含了七項重要元素：**雙方具備溝通動機與目的、形成訊息、大腦訊息編碼、選擇傳遞方法、接收訊息、解碼訊息、解釋訊息**。人類是唯一可以廣泛使用抽象的語言，藉由視覺、聽覺、嗅覺、觸覺、電磁（如光線），以及生化改變（如血壓、心跳）等方式來回傳遞想法，以達到溝通目的之生物。

地球上的各種生物都有屬於自己獨特的溝通方法，但唯獨人類具備複雜且多元的溝通模式，包括：語言、非語言，以及組成口語與書寫之有系統的語音與文字符號，且因著地區、種族、文化之不同，各自形成特有的語言與方言。除此之外，溝通方法從過去只有說話、寫信、電子郵件，到現在的社群網路興起，人類的溝通方式變得更多元，例如：餐廳裡有 5 個人正在聚餐，他們卻很少面對面說話交談，而是各自低頭滑手機。這些現象反應人與人之間的溝通方式，因著電子產品的出現，有了極大的變化。然而，人類最

基本的溝通需求仍是維持生存的重要原則，這是無法改變的事實，也是錯綜複雜的過程。本書將以人類早期溝通語言的發展為核心，聚焦在 0～3 歲的寶寶，討論每個階段溝通語言的發展。

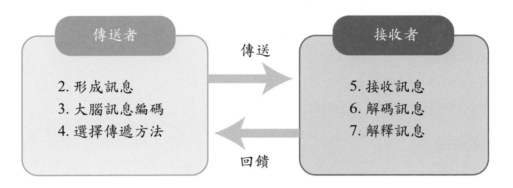

1. 雙方具備溝通動機與目的

傳送者		接收者
2. 形成訊息 3. 大腦訊息編碼 4. 選擇傳遞方法	傳送 → ← 回饋	5. 接收訊息 6. 解碼訊息 7. 解釋訊息

**溝通是指雙方適時地將訊息
來回輪替傳遞的雙向過程**

6.溝通真的很不容易，包含了哪些要素？

人們每天總是會不知不覺、自然而然地同時使用許多非語言溝通或合併語言溝通的表達方式，如何成為一位溝通高手，需要具備下列能力並可靈活運用。

非語言溝通：

1. 臉部表情，流露真情。
2. 眼神專注，誠意十足。
3. 手勢肢體動作，恰到好處。

語言溝通：

1. 詞彙精準。
2. 語法正確。
3. 音韻流暢：語氣、語速、語調適切，語音清晰。
4. 語用合宜：
   - 判斷情境，了解溝通對象、溝通欲達成之目的。
   - 開啟話題、回應話題、維持話題，以達到溝通效能。
   - 一來一往來回輪替順暢，充分交換意見。
   - 條理清楚、言簡意賅、善用譬喻、幽默風趣、引人入勝。

一位溝通能力極為優秀者，或是口才非常好，説話頭頭是道、清晰流暢、邏輯清楚，充滿口語魅力的演講者、辯論者，他們不只是會説、更是會聽別人説的傑出溝通者。根據研究指出，這些優秀溝通者**善用非語言的表達技巧占卓越溝通成效達 70 ％，至於善用語言能力則僅占約 30%**。簡單整理如下圖：

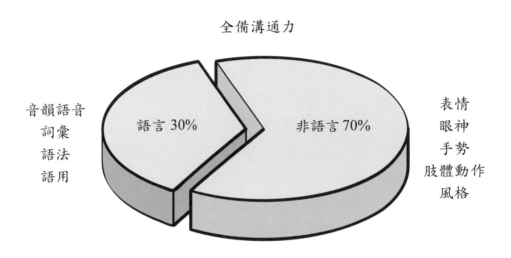

全備溝通力

音韻語音
詞彙
語法
語用

語言 30%

非語言 70%

表情
眼神
手勢
肢體動作
風格

ST 説給你聽

· 溝通是雙方一來一往的互動，一定要有對象，且會有回應。
· 溝通的訊息不一定只是語言，能解讀傳送者的非語言訊息更為重要。
  如何善用語言與非語言的溝通技巧需自幼學習，長大後才可能成為溝通高手。

7.話少比話多有時更容易溝通！

非語言溝通（nonlinguistic communication）

非語言溝通是指，使用表情、手勢、肢體動作、觸覺、眼神、衣著打扮等來傳達溝通的意圖及訊息，包含以下幾項：

臉部表情：指用眼、耳、鼻、眉、口、皮膚色澤（如臉紅表示緊張、尷尬）等臉部的動作來傳達訊息，也就是**俗稱的表情眼神**，例如：擠眉弄眼、瞠目結舌、滿面春風、和顏悅色、目瞪口呆等。

肢體手勢動作：指用彼此了解的動作表達需求或感情，例如：當我們在國外旅行時，或許說不出該國的語言，但藉著點頭、搖頭、微笑、拍手、抱抱、指認等手勢動作的運用，就可達到溝通目的。

非語言溝通常存在每一個溝通行為裡，且常合併多種面向的溝通方法，可能是表情加動作、肢體加眼神。雖然地球上有數千種不同的語言，但各地區的人們仍有一些相同的非口語訊息，例如：可藉由非口語訊息打招呼、點餐、問路、微笑釋出善意等。

你都不了解　　　　　我很生氣　　　　　真開心

8.無言的溝通包含什麼？

圖形符號：如商標、交通號誌、圖片，以及社群媒體常使用的貼圖等。

藝術傳達：如音樂、舞蹈、戲劇等表達性藝術，或是圖畫、名畫、插畫等。

9.如何掌握精準的口語溝通？

非語言訊息的重要性絕不亞於語言的訊息。不過，若是需要做出精準的溝通，就需要靠語言了。因為缺乏明確的語言文字符號，常會因為接收訊息者不同而有不同的解讀，而這也是導致「說者無意，聽者有心」的溝通誤會原因。

語言溝通（language communication）

語言溝通是指，使用彼此約定俗成的系統化符號，藉由一套文法規則，將欲表達的訊息藉由語言傳遞出去。這套有組織的語言系統是由詞彙、語法句型和獨特的語音／音韻，以及強調溝通技巧的語調所構成[5]。以下逐一說明語言構成的元素。

語音／音韻

語音是由不同的音素所構成，例如：「蘋果」，其華語注音符號的拼音為「ㄆㄧㄥˊㄍㄨㄛˇ」，英語唸成「apple」[ǽpl]，日語唸成「リンゴ」等。嬰幼兒通常會先模仿常常聽到的聲音，由簡單含糊的「嗚嗚」、「啊啊」等聲音、有韻律變化的喃喃自語，到練習舌頭、雙唇、聲帶等構音器官協調性的兒語期，接著發出重複單音，例如：小狗「ㄨㄤˋ ㄨㄤˋ」、車子「ㄅㄨ ㄅㄨ」等。因此，語音與音韻是相關的科學：**語音學（phonetics）**是在研究說話的語音和音素組成；**音韻學（phonology）則是在研究語音組合成音節與字之順序與規則的科學。**

詞彙

詞彙是指語言的所有詞及詞組的統稱，是語言構成的基本單位，例如：「吃」、「要」、「想」、「爸爸」、「媽媽」、「火車」、「直升機」

等。**研究詞彙意義與詞彙關係及詞彙屬性的科學稱為語意學**（semantics）。詞彙是可以創新的，隨著網路溝通的快速發展，人們會創造出許多新的詞彙，再藉由各種傳播媒體影響不同的世代，例如：「白目」、「粉絲」、「宅男」、「啾咪」、「低頭族」等，以及舊詞賦予新義之一語雙關詞，例如：「你很『機車』」、「真的覺得『藍瘦香菇』」、「這位『大大』請你幫幫忙」等。另外，有些詞彙也會因著環境變遷、跨文化的影響，而逐漸消失，例如：「秤」、「算盤」、「留聲機」、「糧票」等，都已經成為歷史名詞。

語法

華語的口語常有不同詞序的句子，雖然意思雷同，但有一定的規則，讓每個人都可依循，這就是語法的意義，而**研究造句的規則及字詞片語組成的知識就是語法學**（syntax）。語法是指組成字詞、短語及句子的規則。我們都記得學英文時，老師一定會教文法，而且有許多規則需要背熟。但是，為何不需要學華語句法呢？這是因為它是母語，我們每天都沉浸在華語的環境中，因此就不需要特別去學習。華語有其獨特的句型及組字規則，例如：華語可使用「了」結尾，表示「好了」、「吃了」、「穿了」、「睡了」、「看了」等。

語言的功能（語用）

說話者需適切的運用語言及非語言系統，在大腦中選擇正確的詞彙，組成合乎語法的句型，再用適當的語音並判斷當下情境，流暢說出並促成一來一往的互動，而達到溝通的功能，此稱為語用能力。語用能力比較像是一種溝通技巧，一個很會說話但說話不得體的人，比不會說話的人更難有好的溝通。總之，**研究如何將語言說的好、說的巧、說的妙就是語用學**（pragmatics）[6]。

10.如何善用聲音的各樣表情說出恰到好處的語
言？

言語（speech）是指將語言用說的方式表達出來。說話的韻律變化可以
是聲音高低、大小、速度、輕重等的不同，也就是以聲音的表情傳達說者的
情緒與目的。我們常聽到有人說：「這個人說話的口氣不好，幹嘛那麼
兇！」這就是說話時韻律（prosody）的變化，會讓聽者有不同的感受。

音調和語調高低的變化可以讓聲音傳達有高低起伏，擺脫平腔平調，也
可傳達高興、興奮、害怕、嘲笑、諷刺、忌妒等語氣。

語速節奏的變化就是俗稱的說話快慢，可以是不疾不徐、咬字清晰，辯
論時唇槍舌劍，緊張時停頓結巴等。但是，寶寶 5 歲後若有口吃、迅吃的
情形，父母就需要特別注意。

音強、重音與停頓的變化也有很多種，可以是放大說話音量但不需大聲
急吼、輕聲細語但不是音量很小，也可以是冷言冷語、聲如洪鐘等。

11.不會說話的寶寶怎麼溝通？

寶寶出生後還不會用口語表達自己的想法，但許多細心的父母都可以知道寶寶是肚子餓了、尿布濕了、想要出去玩了。這時候的寶寶，會用瞇眼微笑、肢體手勢、含糊聲音、哭聲、笑聲等來告訴父母「他的需求」，有時也會用噘嘴、握拳、皺眉、踢腳等肢體動作表達身體的不舒服。隨著年齡增長，**寶寶的非語言溝通方法會變得更為多元且複雜**，例如：會拍手表示高興、會舉雙手表示要抱抱、會指著玩具要媽媽幫忙拿等。父母宜多用各種表情、動作、手勢加上聲音與寶寶互動。

眼神注視

哭聲、叫聲

臉部表情

手勢動作

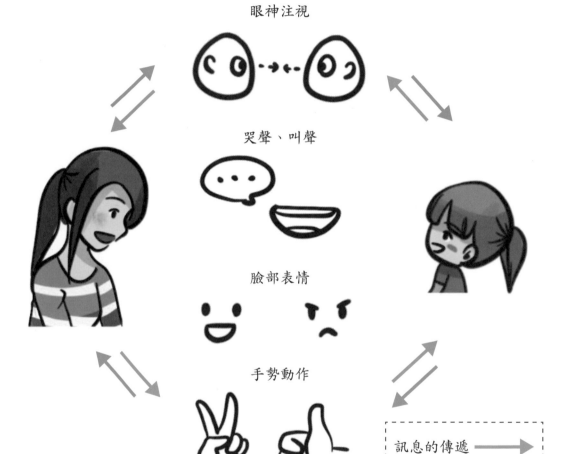

訊息的傳遞 ➡

訊息的回覆 ➡

12.寶寶的外星語怎麼解碼？

　　嬰幼兒學會說話是一套複雜的機制，就有如學習騎腳踏車，需要整合踩踏板、平衡、騎出去、煞車等技巧，同時運作得宜。**嬰幼兒說話前需要先學習覺察、聆聽、分辨、認識各種語音**，當有一天說話的機轉（唇、齒、口腔、鼻腔、咽喉、聲帶、胸腔、呼吸等）全部到位、大腦的認知生理成熟時，自然而然就會說話了。父母較在乎 3 歲寶寶說話不清晰的議題（俗稱台語的「臭乳呆」），會在「貳、寶寶的溝通語言 Q 與 A」說明。

ST說給你聽

- 每天都很快樂且愛發出各種聲音的寶寶，會早一點開口說話。
- 父母可多模仿寶寶長串的聲音，寶寶會更喜歡與你對話。
- 寶寶剛開始說不清楚時，父母可以示範正確聲音，少糾正。

8 個月寶寶想吃香蕉但說不出來，所以用「ㄅㄚㄅㄚ」表達，於是媽媽
幫寶寶說出「香蕉」兩字，寶寶也開心的說了「ㄅㄚㄅㄚㄅㄚ」

13. 幾個月大寶寶會用不同哭聲來表達需要？

寶寶的語音／音韻發展

出生 — 對巨大聲響產生害怕反應

4 個月 — 用不同哭聲表達需要

8 個月 — 發出重複音節的聲音
ㄅㄚ！　ㄅㄚ！

@＃？！＆

有大約30%的清晰度
30% 清晰

12 個月 — 發出長串亂語／外星語

18 個月 — 有大約30%的清晰度

哪一個是褲子？
哪一個是兔子？

24 個月 — 帶有情緒的語調變化

36 個月 — 可分辨聲音相近詞

14.檢視寶寶的語音／音韻發展？

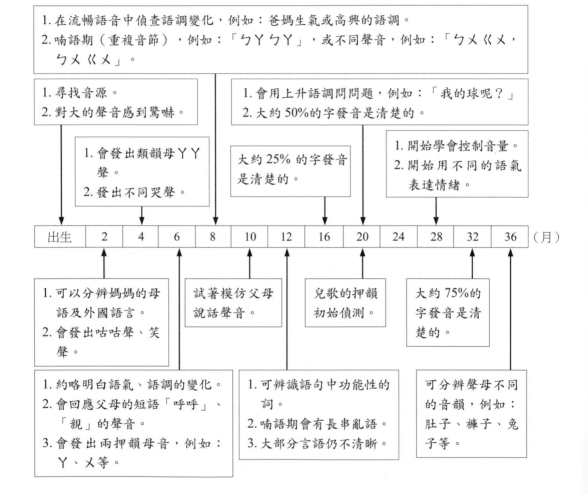

1. 在流暢語音中偵查語調變化，例如：爸媽生氣或高興的語調。
2. 喃語期（重複音節），例如：「ㄅㄚㄅㄚ」，或不同聲音，例如：「ㄅㄨㄍㄨ，ㄅㄨㄍㄨ」。

1. 尋找音源。
2. 對大的聲音感到驚嚇。

1. 會用上升語調問問題，例如：「我的球呢？」
2. 大約50%的字發音是清楚的。

1. 會發出類韻母ㄚㄚ聲。
2. 發出不同哭聲。

大約25%的字發音是清楚的。

1. 開始學會控制音量。
2. 開始用不同的語氣表達情緒。

出生	2	4	6	8	10	12	16	20	24	28	32	36	（月）

1. 可以分辨媽媽的母語及外國語言。
2. 會發出咕咕聲、笑聲。

試著模仿父母說話聲音。

兒歌的押韻初始偵測。

大約75%的字發音是清楚的。

1. 約略明白語氣、語調的變化。
2. 會回應父母的短語「呼呼」、「親」的聲音。
3. 會發出兩押韻母音，例如：ㄚ、ㄨ等。

1. 可辨識語句中功能性的詞。
2. 喃語期會有長串亂語。
3. 大部分言語仍不清晰。

可分辨聲母不同的音韻，例如：肚子、褲子、兔子等。

寶寶的語音／音韻發展軸線圖

15.寶寶說出的第一個詞彙是什麼？

嬰幼兒經由聆聽並模仿字詞聲音後，接著會將聲音與物件或人物結合，因而學會許多詞彙來表達需求，其早期的詞彙學習速度與年齡成長同步。詞彙量的多寡會影響其表達與溝通能力、閱讀理解力、思辨能力及學習能力。

詞彙可以用數量來測量，一般而言，2 歲寶寶能說出 50 個有意義的語詞。寶寶會使用快速對應策略，每天都能增加新的詞彙，2 歲之後的詞彙量累積更快，例如：寶寶在學會「牙刷」一詞後，此時若聽到陌生詞「筷子」時，會假設這不是熟悉的「牙刷」，而將新的名稱「筷子」與物品「筷子」結合，並建立詞彙與語意關係。下次再出現時，雖偶而會有閃失，但也常創造有趣的「童言童語」，這也是寶寶可愛的地方！

寶寶的詞彙發展與生活環境有著密切關係，習華語寶寶早餐通常吃燒餅、豆漿、蛋餅，習英語寶寶吃火腿、起司、牛奶，因此詞彙習得的內容有許多不同之處。寶寶 3 歲後，玩的遊戲、唱的兒歌、手指謠的押韻都存在著語言特質，接著就會開始學習譬喻，例如：「爸爸好兇，真像一隻**大野狼**」、「我像櫻桃，好可愛」等。**要培養寶寶的幽默感，需要自幼引導其使用詞彙的創造力，經常聽笑話、玩猜謎、腦筋急轉彎等遊戲。**

有關寶寶詞彙的發展，父母較在乎寶寶的詞彙出不來、幾個月大概需要多少詞彙才不算遲緩、2 歲寶寶該說什麼詞彙、3 歲寶寶聽不懂單一指令等議題，此可參考「參、寶寶會說的前 300 個詞彙」。

ST說給你聽

- 認知能力、生理因素、父母社會經濟因素等會影響寶寶詞彙能力發展。
- 詞彙學習宜多用思考方式，寶寶先提問，父母再回應，會學得更快。

寶寶的詞彙發展

6 個月
知道自己的名字

小寶！

是我！

ByeBye！

8 個月
會用手勢表達意思

ㄇㄚ ㄇㄚ！

12 個月
會說出
第一個字詞

字詞數量

300
100

說　理解

50 字詞

20 個月
會說出50個字詞

24 個月
會說出100個字詞，
理解300個字詞

我要媽媽唱歌！

30 個月
會說出短語句

36 個月
會把相同物品分類

16.檢視寶寶的詞彙發展？

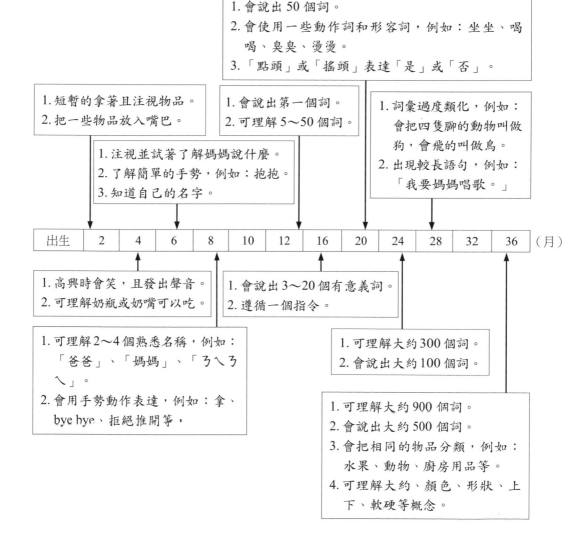

寶寶的詞彙發展軸線圖

17. 寶寶的大腦如何儲存更多詞彙，從小就反應快速？

　　詞彙貯存在寶寶大腦中，**父母常需要協助其按語意特質練習分類，寶寶就會更聰明、更會思考**，例如：下圖中的水果家族，父母可引導 3 歲寶寶思考蘋果與香蕉的語意特質，並延伸出許多有相似特質的水果，如此一來，寶寶的詞彙會在大腦中整理得更有條理。

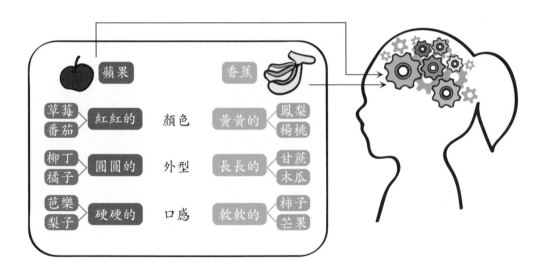

**寶寶藉由練習會將詞彙分類儲存在大腦內，
因此會將顏色、外型、口感相同者歸在同一類**

18.寶寶對阿姨說：「我沒有吃糖，妳怎麼說我好甜？」

3 歲寶寶還無法了解「甜」的引申譬喻，
只了解「甜」的感官意義

19.寶寶說話的語句不通，需要糾正嗎？

媽媽對寶寶說：「你洗好澡了嗎？」
「澡你洗好了嗎？」
「你洗澡好了嗎？」

父母只要示範正確的語句，幫寶寶說出來就可以；過度糾正會使寶寶不敢說話。

寶寶約 2 歲開始，就可以在與家人對話中，自然而然地說出流暢語句。他們會用「A 不 A」的句型，例如：「好不好」、「要不要」、「打不打」等；雖然在過程中會出現許多童言童語的錯誤句法，但卻很可愛又幽默。

父母較關心 3 歲寶寶的語句長度夠嗎？或是寶寶說話一長串，但卻不知說些什麼？這些議題會在「貳、寶寶的溝通語言 Q 與 A」說明。

ST說給你聽

- 等候或提示寶寶先開始說話或表達，是溝通的最佳技巧。
- 父母可依據寶寶聽得懂的方式，加上手勢、表情、動作等，與寶寶說話。
- 父母說話的語句不要太長，不要一次說太多句，要衡量寶寶的能力。

18 個月寶寶指著《三隻小豬》這本書，
但無法說出完整語句，於是媽媽幫他說出來

18 個月寶寶看著媽媽說：「媽媽蘋果」，
於是媽媽示範完整語句：「媽媽吃蘋果」

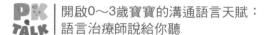

 20.寶寶多大時，喜歡說：「不要○○。」

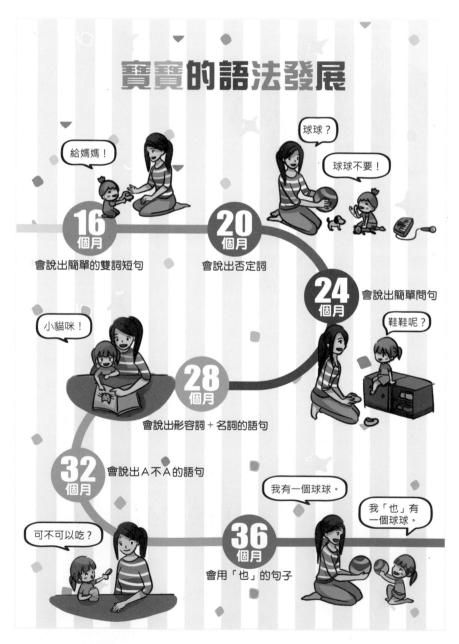

21.檢視寶寶的語法發展？

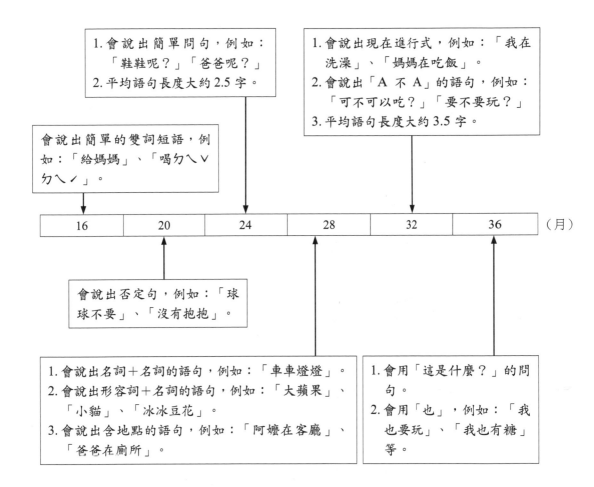

寶寶的語法發展軸線圖

22.「小心一點！」同一句話有多少種意義？

媽媽對寶寶說出：「小心一點！」這句話，可以是提醒寶寶上樓梯走路小心，也可以是警告寶寶不要在沙發上爬高高，故相同的一句話會因媽媽的口氣和語氣不同，寶寶會有不同的解讀。因此，**學習聽懂語意、分辨口氣語調、連結當下情境，並做出合適回應，這是語用的一部分。**

> 上樓梯走路「小心一點」喔！

媽媽語調柔和帶提醒口氣

> 「小心一點！」
> 不要在沙發椅上爬高高！

媽媽語調嚴厲帶斥責口氣

23.寶寶多大會說謊？

24.檢視寶寶的語用發展？

1. 會用聲音主動開啟，表達請求，例如：「抱抱」。
2. 會用動作推開物品或人表達拒絕或抗議，例如：「拒絕喝奶」、「抗議不要睡覺」。
3. 對人有興趣，會主動拉人，模仿父母「拍手」、「打開物品」的動作。

1. 開始會說謊，開簡單的玩笑，例如：偷吃巧克力，卻說沒有；穿爸爸的鞋鞋，走來走去，覺得好笑。
2. 會用2～3句說簡單的故事，可維持主題。

1. 會短暫注視眼前的人或物品。
2. 會短暫聽人說話的聲音。

1. 學會「拿」、「給」的手勢動作，且開始出現一來一往的輪替行為，例如：玩「拿」玩具，並「給」玩具的遊戲。
2. 會主動要求他人「幫忙」，手「指」著碗，表示要吃。

1. 裝扮性遊戲，例如：假裝吃、假裝睡、蓋積木當房子。
2. 玩躲貓貓找人遊戲。

會注視爸媽的臉，並用含糊的聲音或簡單手腳動作回應。

1. 口語表達可以簡單掌握主題，維持1～2個簡單句。
2. 簡單對話，來回1～2次。

| 出生 | 2 | 4 | 6 | 8 | 10 | 12 | 16 | 20 | 24 | 28 | 32 | 36 | （月） |

1. 出現共享式注意力，跟隨父母手勢、口語、表情、拿出玩具等，轉動頭部及用眼神注視。
2. 會用哭聲或手腳動作引人注意。

輪替中可以等待更久，例如：玩拍手遊戲、丟球遊戲、要吃冰淇淋遊戲，可以順暢地一來一往。

1. 會問問題，以得到更多訊息。
2. 會有自己的想法、評論，例如：好好吃、花花漂亮、爸爸兇兇。

1. 會開始注意陌生人和陌生環境。
2. 會用社會性微笑回應聽到或看到的人。

1. 開始社會性互動，會用「點頭」表示「謝謝」，「揮手」表示打招呼「嗨」。
2. 學會分享，例如：「給媽媽吃一口」、「給爸爸玩玩」。

1. 主動開啟一個說話主題，並可來回2～3次對話。
2. 對話中學會等待回應。

寶寶的語用發展軸線圖

　　溝通是一種互動的過程，寶寶從出生的第一天起就開始學習與父母互動的技巧。寶寶會用眼睛看著父母，也會用耳朵聽著聲音，他們開始學習尋找溝通的對象，也學習與父母一來一往的輪替互動，這些技巧都稱為語用能力。

　　父母較在乎寶寶不聽話常尖叫哭鬧怎麼辦？寶寶很害羞怕生不肯開口怎麼辦？這些議題會在「貳、寶寶的溝通語言 Q 與 A」說明。

ST說給你聽

- 等候寶寶先提出需求，是開啟溝通的鑰匙。
- 立即回應寶寶的需要，可以讓寶寶更喜歡和父母互動。
- 不要當「考試型」的父母，會給寶寶很大壓力，而不想說話。

25.寶寶聽懂你聲音的表情嗎？知道你的情緒嗎？

　　寶寶出生後不久，在與父母互動的過程中，能**逐漸學習聽父母的聲音與看父母的表情，判斷父母是否生氣了**。因此，說話時的韻律學習是一個細膩且微妙的過程，也就是藉由**說話的口氣、語氣、語速**的靈活運用，以達到使用聲音表情來傳達情緒的方式。更令人驚奇的是，寶寶約 4～6 個月大時，可以用不同的音量、速度、高低音的哭聲來傳達「餓了」、「要抱抱」、「身體不舒服等」（**出生後不久已開始發展說話的韻律**）。

　　每個人都有獨特的嗓音，例如：寶寶出生後不久，就可以分辨父母的嗓音，知道他們馬上會出現而停止哭泣。此外，寶寶藉由獨特的哭聲、笑聲、呢喃聲，父母即使沒有看到但只要聽到，也可以認出是自己寶貝的哭聲（**每個人都有獨特嗓音**）。男女兒童的嗓音音頻也不同，青春期之後的說話嗓音與韻律會有明顯的改變；嗓音也會隨著年紀而變化，因此在透過電話交談時，會用聽到的嗓音猜測對方的年紀，是兒童、成年人、老年人，或是男生、女生等。

　　父母常會問：「我家寶寶哭到失聲或是持續尖叫，導致聲音沙啞，怎麼辦？」「2 歲寶寶還不會說話怎麼辦？」「3 歲寶寶說話結巴怎麼辦？」「舌繫帶太緊會說不出話嗎？」「我可以用『媽媽語』誇張的語調聲調、高低音變化的語句、疊字句與寶寶說話嗎？」等問題，會在「貳、寶寶的溝通語言 Q 與 A」說明。

媽媽提高音量和語調表示高興
「要帶寶寶出門去玩」

爸爸常用聲音玩搔癢遊戲，
寶寶非常高興的回應

ST說給你聽

・父母對寶寶說話要簡短、語調要有變化、語速要適中，且要清楚明確。
・父母不要帶著負面情緒教孩子，也不宜飆高音量，大聲急吼會導致反效果。

26.寶寶多大可以開始看書？

　　由下圖可以知道，**溝通語言發展的順序是聽、說、讀、寫**，0～3 歲寶寶著重在聽與說，但讀寫已同時在萌發。3 歲之前，父母較關心寶寶會不會說話？詞彙量夠不夠？語句是否完整？但同時間父母已在日常生活中與寶寶一起看書，進入讀寫萌發階段。

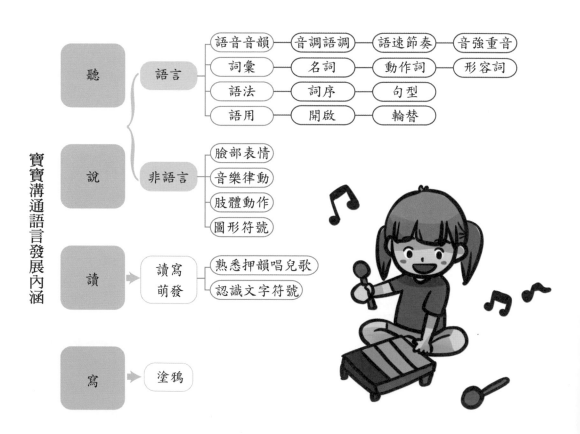

寶寶溝通語言發展內涵

聽 → 語言 → 語音音韻 — 音調語調 — 語速節奏 — 音強重音
　　　　　　 詞彙 — 名詞 — 動作詞 — 形容詞
　　　　　　 語法 — 詞序 — 句型
　　　　　　 語用 — 開啟 — 輪替

說 → 非語言 → 臉部表情
　　　　　　　 音樂律動
　　　　　　　 肢體動作
　　　　　　　 圖形符號

讀 → 讀寫萌發 → 熟悉押韻唱兒歌
　　　　　　　　 認識文字符號

寫 → 塗鴉

寶寶的讀寫萌發

寶寶出生後的每一天都在充滿文字語言的世界。研究指出,寶寶早期的讀寫萌發能力與未來學業成就有很大關係,而與寶寶一起看書便是一個很好的方式,以及容易促進寶寶讀寫語言的技巧。**讀寫萌發是指兒童在成人與環境的支持下,邁入正式讀書寫字前的啟蒙發展階段,包含了幾個重要發展指標:**

1. **學習早期閱讀書寫技巧**,例如:使用詞彙、說故事、推理、知道常見字、拼音規則等。

2. **培養早期讀寫相關態度**,例如:喜歡閱讀、喜歡拿筆畫或寫等。

3. **了解早期讀寫的相關知識**,例如:知道文字、知道看書的方法等。

父母從孩子出生開始,即扮演其語言與早期讀寫能力發展之重要角色,若想協助寶寶拿到未來優勢語言的鑰匙,請與寶寶一起經歷有聲音、圖片與故事內容的親子盛會。

媽媽說繪本

ST說給你聽

- 父母應當了解自幼培養寶寶的說話、口才或處事能力,或許比他們識字、閱讀、書寫來的重要。
- 進入國小後,父母常過度重視考試成績,而輕忽考試不考的口語表達能力;但是,優異的口語表達能力,在未來每日的生活及職場上比什麼能力都還要重要!

27.寶寶有比看書更重要的溝通能力嗎？

有些寶寶常會用尖叫的方式來表達需求，有些則是哭鬧不停，讓父母抓狂，有的只玩固定的玩具，也很難主動打招呼、說 Bye Bye。再大一點時，會覺得寶寶雞同鴨講、說話無厘頭，讓人不知所云。有些寶寶極度害羞，無法接近陌生人。這些問題似乎不是親子共讀可以解決的。

寶寶的社會性溝通

社會性溝通是指，寶寶適當使用語言和非語言的溝通技巧，完成與他人社會互動的需要，並達到溝通的目的。社會性溝通包括下列三項重要的技巧[7、8]。

1. 使用語言達成不同的溝通功能

- 打招呼，例如：「嗨！Bye Bye！」
- 需求，例如：「給我水水。」
- 告知，例如：「我想吃餅乾。」
- 要求，例如：「我可以吃巧克力嗎？」
- 承諾，例如：「我幫你拿拖鞋。」

2. 寶寶可以對不同的人及不同的情境說不同的話

- 3 歲寶寶會用不同的語調、語詞向比他小的寶寶說話。
- 知道不同情境使用不同的溝通方式，例如：在遊樂場會使用不同的語氣、詞彙，借用他人的物品或是參與遊戲。
- 3 歲寶寶會看對方表情，決定可不可以說話、該不該繼續說話，以及控制說話的大小聲。

3. 寶寶說話時可以學會互動的規則

- 輪流對話。
- 讓對方先知道自己想說的主題，可能是去動物園、參加生日派對等。
- 感覺別人聽不懂時，會調整表達方式。
- 會使用豐富的非語言溝通，例如：聳肩、指認、拍手等。
- 知道與人說話的距離，不宜太近或太遠。
- 善用臉部表情，說話時會注視對方。

上述這些能力需要父母們耐心的陪伴，每天持續的面對面互動，畢竟社會性溝通一定要有明確的溝通對象！寶寶自幼學會與人互動，真是比讀書重要呢！

寶寶們喜歡一起溜滑梯

寶寶會和其他寶寶玩球

寶寶會和其他寶寶躲貓貓

28.我每天一直跟寶寶說話，叫他學我說，對嗎？

　　錯！玩遊戲才對。遊戲對寶寶的發展很重要，那麼父母要怎麼和寶寶遊戲呢？遊戲就是含有樂趣的活動，才能稱為遊戲，如果父母能以寶寶覺得有趣的活動，成功的抓住寶寶的注意力，與寶寶一起共同參與他們有興趣的事情，寶寶自然而然就能建立語言溝通及社會技巧。因此，**溝通語言遊戲指的是父母和寶寶都覺得有趣、好玩的各種不同互動方式**，可以是肢體活動、聲光玩具、就地取材的遊戲等，可以提升寶寶溝通互動及語言的能力。

　　0～3 歲寶寶的遊戲類型大致分為三種：

- **功能性遊戲**：寶寶在遊戲中以各種不同的重複性動作，依自己的意圖操弄玩具或物品，學習到因果概念（沙、水及黏土的特質），也可在功能性遊戲中增進肢體技能（跑、跳、爬等）。
- **建構性遊戲**：寶寶能將心中的想法與計畫展現在建構性遊戲中，在計畫與建構中培養問題解決能力、創造力，學習基本認知概念，如尺寸、長度、形狀、花色、重量等。積木、拼圖及樂高，都是屬於此類的遊戲。
- **裝扮性遊戲**：亦稱為象徵性遊戲，也就是常說的扮家家酒遊戲。開始於寶寶發現某項物品可以代替另一項物品，例如：拿著積木當電話；還能加入角色扮演，例如：假裝醫生看病遊戲。

　　美國的兒童語言每日學習中心（Center on Everyday Child Language Learning, CECLL）的宗旨，即是要運用兒童感興趣的日常活動來建立溝通語言技巧。他們認為應該根據寶寶的興趣來安排日常活動，寶寶在他們感興趣的活動中，溝通語言的表現會優於不感興趣的活動。在寶寶喜愛的活動中，也能互動得較久且主動性較高，父母也有較久的時間能夠增進寶寶的溝通能力，當然寶寶的溝通能力就會越來越厲害[9]。與寶寶玩遊戲的關鍵第一招就是學會與寶寶「面對面」。

媽媽和寶寶「沒有面對面」

媽媽和寶寶「面對面」
溝通很重要

29.寶寶的溝通語言發展大致可以分為哪幾個階段？

溝通語言是人類獨特的本能，寶寶來到這個世界，便開始接收環境中的各種刺激，在父母細心的呵護下，短短的 3 年就可從模仿發聲到與意義的連結，而發展出理解與表達能力。0～3 歲寶寶的溝通語言發展，簡單説可**分為四個階段：**

- 前語言期：以哭聲表達需求，接著是咕咕期，結合非語言的表情動作，逐漸拉長聲音及重複音節次數與更多聲音出現的**牙牙學語期**。
- 單詞期：約在 **1 歲左右**會説出第一個有意義的詞彙，此後會逐漸學習與生活相關或有興趣的新詞彙。
- 雙詞結合期：約在 **2 歲左右**，幼兒已可將兩個詞彙放在一起運用，例如：「媽媽抱抱」、「爸爸車車」等短語。
- 句法語句期：約在 **2 歲半左右**，幼兒已可説出簡單句型的語句，例如：「我想吃麵包」、「媽媽在客廳」等。

若想要寶寶未來有更好的社會性溝通、人際互動能力，尤其是口才思辨力，反倒要注重使用合適的非口語線索，例如：表情、肢體動作、手勢，以及説話的韻律、節奏、語氣、語調的變化，這項占溝通能力的 70%[10]。

30. 寶寶大腦需要早早開發，以增進溝通語言能力嗎？

　　幼兒時期的腦部快速發展，是學習和發育特別敏感的階段，被認為是形塑幼兒腦部的關鍵時期。**85%的神經連結皆發生在幼兒期**，也就是說，具有策略性的教育模式將會對幼兒後續人生有良好的影響。首先，面對挑戰的就是視覺和聽覺的基本大腦迴路，從一出生就開始發育；緊接著是**語言發展的基礎神經網絡**，大約在出生第一年即建構完成。至於負責更高的認知功能、思考、邏輯和溝通的神經元，則大約在 5 歲左右建構完成[11]。

31.全世界各國寶寶的童言童語都一樣嗎？

　　語言是每個民族人種的特色，與文化密不可分。每個語言的初期語音或許有一些雷同，但是大約 6 個月的寶寶就會依母語特色發出不同的呢喃聲，隨著年齡越長，依生長環境學習寶寶自己喜歡的優勢語言。有興趣的讀者可以參考「貳、寶寶的溝通語言 Q 與 A」第 15 雙語幼兒的語言發展。總之，我們說華語的國家需要建立屬於華語寶寶溝通語言的研究，而無法全部套用國外的理論與方法。

　　根據《民族語：世界的語言》（*Ethnologue: Languages of the World*）[12]一書指出，全球約有七千種語言，以華語為母語者約有 13.9 億人，其次為印度語，約有 5.88 億。但是，英語是最廣為使用的語言，約有 101 個國家使用。語言是文化的基礎，也是文化的結晶，就像華人吃滷肉飯，西方人吃漢堡；華人寶寶周歲玩抓周遊戲，西方人寶寶周歲辦生日趴等，都與文化密不可分。因此，說華語寶寶的語言溝通如何發展，就需要有自己的里程碑，以便對照。

滷肉飯

漢堡

32. 寶寶的溝通語言發展順序跟學習走路一樣嗎？

語言溝通是人類行為的表現，具發展順序性且可測量。語言溝通是人類特有的能力，藉由系統的觀察與記錄寶寶的表情、肢體動作、點頭搖頭、各種聲音，以及口語出現的次數和內容，即可客觀了解其溝通語言發展的現況。大約每 4 個月比較寶寶的變化，就會看到顯著的成長 [13]。

語言能力發展里程碑

每個寶寶都在父母的期待中呱呱墜地。對於新手父母來說，每個關於寶寶的訊息都非常重要，但如何在沒有任何經驗的情形下，解讀寶寶傳遞的訊息呢？如何知道寶寶喝奶的量足夠？寶寶睡得好嗎？寶寶一直哭哭鬧鬧是為了什麼呢？寶寶不舒服嗎？一籮筐的問題在在考驗新手父母的腦力與體力，此時可以善用「語言能力發展里程碑」。里程碑的概念就像是跑馬拉松，比賽的每一個階段都有里程標記，當每個跑者向目標前進時，有的速度較快，會較快到達每一個里程標記；有的速度較慢，但也會到達每一個里程標記，只是必須花較多的時間。語言能力發展里程碑的概念亦是如此，每個寶寶的語言發展皆按照一定的發展順序，從里程碑上可以明確掌握寶寶在每個階段應該具備的語言發展狀態 [14]，例如：

0～4 個月～會哭、會笑，讓你知道寶寶已經：

・對大的聲響有反應。

・對寶寶說話時，寶寶會笑或安靜下來。

・能分辨他人的聲音。

・對環境中的聲音有反應，會轉動眼睛尋找聲音來源。

・對發光或發出聲音的玩具有反應。

　　其次，父母在參閱「語言能力發展里程碑」時，也鼓勵將當時的心情與新發現記錄下來，因為寶寶的每個成長階段都值得細細記錄，以便在轉眼即逝的時間裡有足夠的素材供自己時時回味。「語言能力發展里程碑」請見本書所附的單張海報。

出生　　　　　1歲　　　　　2歲　　　　　3歲

語言發展具有順序性且可測量

33. 忙碌的父母怎麼有時間與寶寶互動？

美國 LENA 研究機構，專門從事 0～3 歲寶寶與父母溝通互動的研究，發表了一份許多年的研究結果（The Power of Talk），有下列的發現：媽媽參與 75%的寶寶溝通語言互動；媽媽與女寶寶說話的量約比男寶寶多 9%；父母與第一胎寶寶說話的量多於接下來的弟妹們，特別是第一胎的男寶寶；父母一天當中在早上與傍晚與寶寶說話較多；愛說話的父母也會有愛說話的寶寶；在一天中，寶寶看電視的時間愈多，語言能力愈弱 [15]。

父母在寶寶溝通語言的發展上扮演著極其重要的角色，他們是寶寶第一個溝通語言老師。而這個角色涵蓋下列幾個面向：父母與寶寶互動的**數量及次數**；**回應寶寶**的互動；父母使用**有品質**的互動語言；父母使用**有效的溝通語言策略**，引導寶寶回應；父母使用**正面的語言**與寶寶說話。例如：

李阿姨：「你的寶寶吃飯好乖哦！」

媽媽：「這小子在家很壞，吃飯時總是跑來跑去！」

寶寶：「媽媽！你總是說我不好！」（寶寶一直被媽媽否定）

爸爸：「你都幾歲了，還不會穿鞋！」

爸爸：「你都幾歲了，還不會自己吃飯！」（寶寶心想：爸爸是不是不喜歡我？）

另有一項強調父親參與寶寶成長的研究發現：**父親角色**可讓孩子勇於冒險，透過肢體及體能活動，寶寶會挑戰自己，未來會較有安全感、自信心與競爭力。朱自清的散文〈背影〉描述父親無言的愛，令人印象深刻。但身為 0～3 歲寶寶的父母，不能讓寶寶天天只見到「背影」。科學研究證實，父母**「面對面」**與寶寶進行溝通語言互動，是提升未來溝通能力的關鍵。忙碌的父母真的**要撥出時間全面參與有品質的寶寶溝通語言之互動**。

ST說給你聽

- 父母可使用正面語言說出寶寶具體的好行為，例如：「今天吃飯坐好好！」「寶寶自己收玩具，爸爸真高興！」「寶寶自己穿鞋鞋，真夠厲害！」
- 父母每天要撥出時間，放下手邊的工作（即使只有 10 分鐘），專心參與寶寶的活動。
- 父母間的對話方式，無形中會影響寶寶未來的溝通語言發展。

媽媽和寶寶要常常面對面說話

父母要利用飯桌時間與寶寶對話

34. 了解寶寶的溝通語言發展很重要嗎？

- 寶寶很早就會叫爸爸、媽媽、説 Bye Bye 等，這樣真的會比別的小孩快嗎？
- 我的寶寶很愛説話，也很會説話，我如何開發寶寶的潛在優勢，邁向成功的人生？
- 我的寶寶 2 歲了，話語很少，真的是有問題嗎？
- 我的寶寶 3 歲了，怎麼還不會和同齡小孩玩？

了解寶寶的溝通語言發展階段，在養育時可以做出最佳選擇，準備適合寶寶的玩具、遊戲、影片及圖書等，不會超過他們的能力，讓寶寶在充滿快樂與成就感的環境中溝通互動，對寶寶自信心的養成充滿積極力量 16。

回答這些問題需要提供科學研究的證據，請參考本書「伍、寶寶語言能力發展里程碑」。

父母如果充滿上述疑惑，或許需要找專業人員協助

35.你對寶寶的溝通語言發展有困惑嗎？

　　本書針對父母在育兒過程中，常感到疑惑的一些寶寶語言溝通問題，提出科學證據。

- 語言發展：包括寶寶怎麼還不會說話？寶寶可以用 3C 產品嗎？等常見問題。
- 說話問題：包括寶寶會說話但都聽不懂，舌繫帶要剪嗎？寶寶是不是口吃？等常見問題。
- 雙語學習：包括寶寶在雙語或多語的成長環境會影響語言學習嗎？寶寶進入雙語幼兒園學習適合嗎？等常見問題。

36. 如果發現寶寶可能有溝通語言問題，應該找誰？

語言治療師，英文為 Speech Therapist（ST），或稱為 Speech-Language Pathologist（SLP），可針對各種年紀、各種類型的溝通障礙或吞嚥障礙做出適當的評估與治療。兒童語言治療師的服務內容依據美國聽語學會於 2019 年的修訂，包括以下幾項。

語音構音問題

孩子在說出語音時可能會遇到困難，可能會說的不夠清晰，而難以理解其說出的語音。

聽說讀寫問題

人們如何將所聽到的訊息經過處理及了解後，再用語言說出來，以表達想法，與對象溝通呢？除了聽、說兩個層面以外，語言還包括了讀寫能力（literacy）和書寫能力。如果孩子常常「有聽沒有懂」、無法遵守指令、無法適切回答問題、無法分享自己的想法、無法說出正確的目標詞彙或短語時，這可能是孩子在聽、說、讀、寫的某個環節出現了問題。

社會性溝通困難

人們如何遵循一來一往輪流的溝通規範？如何根據不同的溝通對象使用不同的說話方式？什麼是適當的溝通距離？這些都是社交技巧中需要學習的部分，此領域也可稱為語用技巧。當社會性溝通出現問題時，孩子在與他人的溝通便會發生困難，而可能無法在日常生活中順利結交朋友，或者無法適時理解他人的想法和感受。

嗓音問題

聲音是如何發出來的？當出現嗓音問題時，可能出現的症狀有：講話沙啞、失聲、在沒有其他因素的影響下鼻音過重、音量過大或過小等。嗓音問題可能會進一步影響孩子的日常生活，而無法輕鬆地與他人相處，且無法在學校生活中適當地為自己發聲。

語暢或口吃

口吃是指說話時的語句流暢度有問題，其特徵包括：重複語音（如ㄊㄊㄊ……他），加入「嗯」、「啊」，或是暫停語句。許多孩子在成長過程中都會經歷這個階段，所以真正的口吃評估仍需請專業的語言治療師針對不同面向做確認。另外，也有可能是因認知─溝通的連結問題：我們的大腦如何運作，包括記憶、專注力、問題解決能力、組織想法或其他思考力的技巧，也可能影響語暢的表現。當有語暢問題時，可能會影響社交生活，而無法自在地與朋友暢快聊天、無法自信地於課堂中發表想法、無法順利地回應他人提問。

寶寶吸吮、咀嚼及吞嚥問題

寶寶吃喝進食困難可能會導致營養不足、體重過輕，以及全面發展問題，因此需要各專業團隊人員介入一同會商，以解決寶寶的吃喝問題。

認知性溝通障礙

認知能力能讓寶寶具備記憶、問題解決和想像力等學習能力。不過，有些發展遲緩或腦傷兒童就可能因為腦部問題，而影響認知與溝通語言。

設計擴大及替代性溝通

　　寶寶 3 歲時若仍不會說話，語言治療師可以設計並教導其使用輔助性科技，以進行替代性溝通，促進說話或溝通能力，例如：圖卡溝通、平板溝通、掃描式輔具等。

語言治療師的任務

貳、寶寶的溝通語言 Q 與 A

前言：我有很多關於寶寶的溝通語言問題，怎麼辦？

在上一單元中提到了許多溝通語言發展的指標，父母若發現寶寶有超前或是落後現象，都歡迎向語言治療師諮詢。前述提及了語言治療師的服務範圍涵蓋八個領域，所以語言治療除了直接給予服務外，同時也提供父母諮詢的時間。但在諮詢的過程中，家長很多時候都會提出一些疑惑，故在此整理出常見的問題，透過臨床經驗以及近幾年或經典的實證研究結果，給予父母可信的方向和想法。不過在此強調，並沒有哪個方法或答案一定是絕對正確的；有時候會發現這個方法適用於 A 家庭和 A 寶寶，但另一個方法可能對 B 家庭和 B 寶寶有更好的成效。因此，在本單元中，我們盡力將問題的兩面或看法做出平衡的呈現，主要用意是讓父母能夠透過寶寶的氣質及其所屬的環境做出適當的選擇及應用。

1. 可以跟寶寶說「媽媽語」嗎？用「疊字詞」或「娃娃音」好嗎？

　　對寶寶說話時，父母常會不自覺的使用疊字詞，例如：「要吃餅餅嗎？」音調可能會變成「娃娃音」；語調變化較豐富且語句中會使用更多語助詞，例如：「哇～～好漂亮的球球喔！」想強調的關鍵詞會不斷地重複出現，例如：「你在看鞋鞋嗎？你喜歡這雙鞋鞋嗎？鞋鞋漂亮對不對？」「喔……你喜歡這個漂亮的鞋鞋啊？！」但這種情況不只有大人會出現，有時候年紀大一點的孩子對比他年幼的寶寶說話時，也會使用較簡單易懂的詞彙換句話說、速度也會慢一些，甚至加上動作來增加被理解的程度。以上這些都是「媽媽語」、「父母語」或稱為「寶寶語」的特徵。許多研究都支持這種說話方式，並認為**豐富的語調變化能夠幫助寶寶從背景聲音中快速辨識語音，以喚起寶寶的注意力，幫助其學習詞彙的意義**，也讓父母與寶寶成功建立關係。尤其是當父母也能**模仿寶寶的語音或語言**時，更會鼓舞寶寶發出更多聲音，隨著大量的練習，讓他愈來愈能精熟語言的使用[1]。

　　請新手父母把焦慮放下，可以隨自己和寶寶的喜好，以最自然舒服的方式跟寶寶說話，不論是使用「媽媽語」或是成人使用的語句，只要關注和**寶寶之間互動的質與量**，寶寶經過不斷的學習和發展後，都能精熟母語。

ST 說給你聽

- 當父母模仿寶寶的語音或語言時，會鼓舞寶寶發出更多聲音。
- 父母每天和寶寶互動的次數與時間是關鍵！

2.常聽說寶寶只是「大雞晚啼」，可以再等等，這樣就會自己說話了嗎？

常聽到一般人說男寶寶講話比較慢是「大雞晚啼」，所以男寶寶比較晚學會說話很正常，是這樣嗎？也有父母擔心，因為寶寶是由阿公、阿嬤或外傭帶，是不是也會影響其語言發展的快慢？

研究指出，雖然男寶寶開始說第一個詞語的時間有可能較女寶寶晚一點，但僅有一、兩個月的差距，男寶寶開始使用第一個詞語也會在 1 歲前後即出現，因此並沒有所謂的男寶寶說話較慢、女寶寶說話比較早的狀況。**無論男寶寶或女寶寶，其語言能力發展里程碑大致上是一致的，並沒有顯著差別** [2]。在此建議，父母可以透過本書所提供的語言能力發展里程碑，依據寶寶目前的年齡和應有的表現來檢查其是否符合目前的發展年齡。但需要特別強調的是，並非每個寶寶都會剛好在特定時間點上發展出相對的能力，請**多觀察幾個月的時間並給予足夠的互動**，讓寶寶可以在互動中增加表達的機會。

另外，所謂「遲語兒」（late talkers），是指寶寶的口語出現時間晚於預期時程，但是粗大動作和精細動作發展，以及認知和聽覺理解皆在正常範圍內，唯獨說話較一般寶寶慢；是個別發展的特質，並非是一種疾病名稱。

對於造成寶寶遲語的原因目前尚無法確認，但從研究中已可分析出影響遲語兒後續語言發展的相關因素。學者 Fisher[3] 經由整合分析，發現了 3 項可推測遲語兒口語表達能力的因素：

1. **語言理解**：1～3 歲寶寶的語言理解能力，對於日後 3～4 歲的口語表達具有中度影響，而語言理解較佳的遲語兒在幼兒園期間也會有較佳的語言表達能力，因為語言理解的發展本就優先於語言表達之前。
2. **詞彙總量**：1～3 歲間寶寶能說的總詞彙量，對於之後的口語表達能力具有輕度但具效度的影響。

3. **社經背景**：低社會經濟狀況的家庭對於遲語兒的口語表達具有負面的影響，起因於較少由寶寶主導的對話、物質匱乏，以及健康問題。

美國聽語學會[4]也提出了幾項影響遲語兒語言發展的因素：

1. **語言理解能力**：語言理解能力與同齡寶寶相仿的遲語兒會慢慢趕上同齡的寶寶。如果寶寶在語言理解能力上有發展遲緩的現象，則很有可能有語言障礙。

2. **使用手勢動作的能力**：在不同情境下會使用較多手勢進行溝通的遲語兒，極有可能後來居上，與同年齡者無異。

3. **接受診斷的年齡**：寶寶接受診斷的年齡愈大，落後程度愈大，因年齡大的寶寶需要較多時間發展，若卻仍舊遲緩，則顯示其能力明顯落後，又或者在一般寶寶迅速成長的時段卻反而緩慢的發展，將會導致其更加的落後。

4. **寶寶的語言發展是否持續的進步**：即使寶寶的語言發展較為緩慢，至少每個月都要有新的語言學習，以增加新的詞彙；就算是同一個詞彙也可以用於不同的意圖呈現，例如：「ㄋㄟㄋㄟ」這個詞彙可以代表「這是我的奶瓶」，也可以用來表達「我要喝牛奶」的需求，或是和其他詞彙結合成「要ㄋㄟㄋㄟ」、「不ㄋㄟㄋㄟ」，並盡量增加雙字詞的使用機會。

因此，若發現寶寶的語言理解能力不足、較少使用手勢動作，且隨著年齡增長，增加新詞彙的進度緩慢，則很有可能會有語言障礙。但仍無法斷言該寶寶一定有語言發展問題，僅能供做參考，因為**每個寶寶都有獨特的特質**，不可以以偏概全。

那麼，父母該如何做呢？當父母懷疑或擔心寶寶的語言發展落後時，不是只能等待或是聽信他人的經驗，應該要盡快和語言治療師約定時間，為寶寶**安排語言的評估**。語言治療師會依據其語言表達和理解的評估結果給予父母建議，例如：教導父母利用日常作息引導寶寶擴增語言，並且**定期追蹤**，

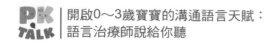
或是讓寶寶接受早療團隊的治療課程。等待寶寶從遲語的落後狀態追上同年齡者是一件讓人煎熬的事，倒不如積極尋求專業的協助，且愈早治療效果愈好。

ST說給你聽

- 語言能力發展里程碑提供父母一個粗略的語言發展狀況，並非寶寶到了某一年齡就一定會出現年齡組的全部指標。父母宜持續觀察寶寶的語言發展狀況，並隔一段時間參考寶寶手冊或本書提供的語言能力發展里程碑來檢視其能力。
- 如果父母對寶寶的語言發展有疑問時，請盡速諮詢語言治療師。

3. 寶寶好喜歡電子書的聲光效果，能替代繪本給寶寶看嗎？

我們現在所處的時代已經離不開科技產品，透過電子螢幕來閱讀，加上聲音或視覺效果的輔助，往往能立刻抓住寶寶的注意力，例如：按一下螢幕上的按鍵，就有動畫彈出來或者音效出現。目前，更有配合紙本閱讀的 3D 效果、視覺與聽覺刺激豐富的虛擬實境複合式閱讀書籍問世，例如：讀者向風車吹一口氣，風車就會真的轉了起來。電子書是未來的趨勢之一，即使部分父母想要禁止太小的寶寶使用，未來在其他的環境中遲早也會接觸到。值得注意的是，加拿大小兒科學會[5]建議，**2 歲以下寶寶不適合接觸電子產品**，甚至到了 3～4 歲時，也建議**一天的接觸時間不要超過一個小時**。美國小兒科學會[6]也建議，家中有 2～5 歲寶寶的父母，若要讓寶寶看電視或影片，也要為寶寶篩選高品質的節目，並陪同寶寶一起看、跟寶寶討論影片內容，透過影片內容來連結寶寶的生活經驗。

使用電子書的**優點**如下：

1. 電子書可以為寶寶提供多元的視覺線索，且**重複的文字語音配對**，可以讓寶寶很快知道詞彙與語音之間的連結。

2. 有些研究發現，相較於傳統的紙本閱讀，使用電子書的寶寶可以與父母**互動得更久**[7]。

3. **發展遲緩寶寶**可以透過電子書習得更多單詞[8]，也能利用**視覺輔助聽覺**的學習方式**了解音節的概念**。寶寶亦可以一遍一遍的聽著電子書，聽覺上的重複輸入可以幫助他們增進閱讀技巧。

4. 電子書只要存在手機或平板中，相對於紙本書，**較易於攜帶及取用**[9]。

5. 當父母與寶寶一同閱讀電子書並對寶寶述說故事內容，寶寶學習到的會比他們自己操作電子書時多，因此父母的參與是很重要的！

使用電子書的缺點如下：

1. 有些電子書的聽覺和視覺刺激太多，會影響到父母與寶寶互動的品質。使用電子書時，父母會**較少示範如何使用語言**，反而會花較多時間在跟寶寶討論按哪些按鈕，過多的動畫與音效也容易使寶寶**對故事內容**失去注意力。

2. 電子產品雖多了聲光效果，但會剝奪寶寶在觀察父母說故事中，利用聲音音調或臉部表情變化的機會，且父母與寶寶的**輪流互動**也會減少。

3. 在對象為加拿大 900 個醫院病童（年齡在 6 個月至 2 歲間）的研究中發現，觀看手機或平板等的時間愈多者，語言表達發展愈遲緩，每增加 30 分鐘的螢幕時間，出現語言表達發展遲緩的風險就提高了 49%。另一項在調查 1,000 個 2 歲以下寶寶的語言表達能力研究中發現，看愈多影片的寶寶會說的詞彙就愈少。8～16 個月的寶寶在看一個小時的影片之間，大概只說了 6～8 個詞彙。這些研究都顯示，寶寶觀看螢幕的時間愈增加，在語言表達發展遲緩的風險就愈提升[10]。

在學齡前階段，寶寶的閱讀活動並不侷限於知識性的學習，在閱讀中的**親子互動**更加重要。因此，2 歲以下寶寶不建議接觸電子產品。當寶寶大一點之後，建議父母提供電子產品給寶寶時，時間要控制在 30 分鐘之內。另外，也不要讓寶寶自己單獨觀看電子書，而是要**透過這些 APP 的使用**來找**到機會和寶寶互動**、學習。

寶寶喜歡使用電子產品閱讀，家長也方便攜帶，
但媽媽心中不免有疑慮：電子書真的能取代紙本書嗎

ST 說給你聽

- 目前市售的 3C 產品雖然好用且方便，但仍無法完全取代親子互動所產生的溝通力和觀察力。
- 平常在互動中能穿插使用 3C 產品，但不應過於依賴。
- 加拿大小兒科學會建議，2 歲以下寶寶不適合接觸電子產品。
- 電子書有很多優點，但關鍵是父母如何利用這些材料和寶寶互動，在沒有父母的引導下，讓他們自己操作電子書，能學習到的很有限。

4.點讀筆或有聲書等 3C 產品，該如何使用來
幫助寶寶學習語言？

　　點讀筆是一種 3C 的學習輔助產品，具有即點即讀的功能，目前多用於雙語及認知學習。正在牙牙學語的寶寶最喜歡指著東西問父母：「這是什麼？」父母一天可能要講一百遍東西的命名。點讀筆即點即讀的特性，讓寶寶可以點一百遍，並代替父母説一百遍都不會累。在學習命名式詞彙時，例如：認識動物、植物或交通工具名稱，甚至在認識字母、數字、注音符號的發音時，使用點讀筆確實是個不錯的工具。

　　然而，寶寶學會許多動物或交通工具名稱，就代表溝通能力一定會增加嗎？點讀筆的缺點之一，即是**無法讓寶寶學會互動**，也無法將習得的**詞彙與真實的生活情境結合**。舉例來説，從點讀筆中聽到「抽屜」這個詞彙，寶寶也許能成功仿説，但如果他沒有觸摸到真實的物品，可能就無法理解「抽屜」這個詞的象徵含義。倒不如由父母帶著寶寶到「抽屜」前面，一起從抽屜拿出東西，或收拾物品放入抽屜。**在有意義的情境中學習**，才是最佳的學習方法。

　　有些人可能以為點讀筆可以取代傳統的親子共讀，但親子共讀應該是父母和寶寶有**一來一往**的對書本內容做討論、進行**遊戲**或**互動**，如僅使用點讀筆或播放有聲書，只是單向的語音播放，卻少了親子互動和分享的機會。有意義的親子互動，除了讓寶寶能習得閱讀內容，也可以提高對閱讀的動機。有聲書的語音能傳遞書本的內容，但缺少寶寶與父母互動時有趣的經驗，此時寶寶聽到的只是聲音，而不是有意義的訊息。和寶寶共讀的好處，不僅可以為其建立詞彙量，還可以提升寶寶的**專注力**與**共享注意力**。

當閱讀的內容是寶寶感興趣的部分，並以**遊戲的形式**來讓寶寶**投入互動**，這就是最佳的**語言學習情境**[11]。許多寶寶書籍的內容與想像的主題有關，例如：以動物為主角、公主、戰士等。當寶寶對閱讀的主題充滿興趣時，父母就會很容易與寶寶一來一往的互動，寶寶也會很有興趣了解書籍內的詞彙內容。

而當父母對寶寶的反應能**即時回應**時，寶寶會學得最好。當寶寶提出問題或是評論時，父母能給予正面的回應，且擴充寶寶的詞彙經驗，當然也會擴展寶寶的智力發展、詞彙能力，甚至數學能力。透過閱讀活動，父母最容易與寶寶有**共享注意力**，且能隨著**寶寶的引導**，**回應**他們的問題與感受。

如果寶寶對點讀筆和有聲書等產品感興趣，父母仍然可以善加利用，但要注意這些產品的使用狀況，例如：在合理的使用時間下，不要影響寶寶的視力，且不要讓其過度沉迷於電子產品，家長也需衡量自己的經濟資源，衡量這些產品是否有購買的必要。最後，大家都須留意，這些產品雖然都可以輔助學習，但在寶寶的發展上，**和父母互動**的效果仍是**無可取代**的。

新手爸媽面對坊間五花八門的語言學習玩具，
一個頭兩個大，不知選哪個好

5.寶寶什麼時候可以開始跟我聊天？

　　想要知道寶寶什麼時候會開始跟父母聊天，首先要思考一下：聊天除了口語能力之外，還需要哪些互動技巧呢？寶寶需要**對人產生興趣**、能**回應**他人、能**維持一來一往**的**互動**、能**等待他人回應**，也要能**維持注意力**在某個話題上，隨著年齡漸長，還要學會**開啟**新的話題，並能隨對方的回應**轉換**到新的話題。

　　寶寶從出生後就一直在學習溝通的技巧！母親讓寶寶聽到的詞彙較多者，其日後的語言發展愈優異、學業成就也較佳。Kathy Hirsh-Pasek 等人 [12] 研究發現，**互動次數**的頻繁多寡，比寶寶聽到的字詞多寡更重要！他們拍攝了 60 對 2 歲寶寶與母親的互動方式，並記錄母親對寶寶說話的總詞數。這些數據在與寶寶 3 歲時的語言能力做對比後發現，3 歲語言能力表現較佳的寶寶，母親在互動時會依照寶寶的喜好來選擇，讓其看到的事物及聽到的語言是同步狀況，例如：寶寶想玩假裝煮飯的遊戲，媽媽會邊說「喔～那你需要鍋鏟嗎？」然後遞給寶寶，並用相同的互動方式，讓寶寶可以反覆練習很多次，例如：「你要吃披薩嗎？」等待寶寶回應，「喔～你要啊！」或「喔～你不要啊！」

　　寶寶在開口說話之前，會用很多不同方式來與父母**互動**！父母可以觀察寶寶是否會用**手勢**、**肢體動作**或**聲音**來輔助表達他的想法，例如：寶寶會拿東西給大人、會指著東西表示想要；或者是否會用手勢來提出要求，例如：以手掌抓握又張開的動作，來表示要大人給他東西、拉大人的手來表示想抱抱。上述這些能力大多在**寶寶 9～13 個月間**可以觀察到，因此善於觀察的父母就可以透過這些聲音、表情、動作及手勢，開始跟寶寶一來一往的互動！經過無數次的一來一往輪流**互動**，寶寶經過長達兩年的練習時間，大人會突然覺得寶寶變得很厲害，一開口就很會聊天，甚至還很會主動找人聊天呢！

ST說給你聽

- 父母可以隨時隨地跟寶寶互動！
- 當寶寶發出聲音或語音時，也可以依據當下的情境，幫寶寶詮釋他們可能想說的話。

6. 寶寶喜歡用肢體、手勢或手語溝通，這會影響他的說話發展嗎？

　　寶寶在學會口語之前，都會透過不同的手勢動作或音調來表達他的需求或感受。每個父母在寶寶出現口語溝通之前，應該都會經歷過不同哭聲所代表的意義，或是抓著你的手，指著桌上那罐餅乾，做出想要吃的動作，其實這就是手勢溝通的一種。手勢和肢體的溝通，指的是寶寶運用聲音、表情、手部動作、身體動作等**非語言的表達**，最早於 1979 年由 Bates 博士所提出，他觀察到寶寶在會用嘴巴說話之前，就已經有**用手指物**和**裝扮性的手勢動作**出現。

　　也有父母透過寶寶手語來教導不同的詞彙。其實，在寶寶還沒開始使用口語溝通時，這也算是一種溝通管道。簡單的寶寶手語是可以透過近距離的眼神接觸、臉部表情的觀察，來增加寶寶與父母之間的**親子互動**，例如：研究寶寶手勢和肢體溝通的學者們，觀察到寶寶在 8~9 個月大時，就會開始用手勢動作來表達需求，到了 10 個月時，會拿東西展示給媽媽看、指著東西表示想要，或伸手想要媽媽抱抱等動作會愈來愈多。當寶寶可以說 25 個詞語時，就會發展出較**固定的手勢** [13]。寶寶在 12~18 個月間，有時候會用手勢溝通，有時候會用口語表達；18 個月大時，會開始結合手勢動作與口語一起來表達意思。而當寶寶開始結合手勢動作與口語表達時，父母又可以發現寶寶有更多不同的表達方式，例如：一開始，寶寶會指著狗說「狗」，慢慢會發展成指著狗說「跑」，當寶寶能夠**同時表達不同意義**時，代表他快要從單詞期**進步到雙詞期**，很快的就會說出「狗狗跑跑」了 [14]。

寶寶將手掌貼在嘴巴上代表「想吃」　　寶寶手掌捏合代表「沒有」

　　自然的**手勢動作**溝通很重要，隨著寶寶的語言發展慢慢地從手勢溝通過渡到結合口語溝通時，由於口語表達還不完整，寶寶只能透過手勢動作讓溝通對象更理解他所想表達的意思。但請記得，當寶寶使用手勢溝通時，父母並不是僅能以手勢動作回應，也要**加入口語**幫寶寶**詮釋**他的想法。同時，當寶寶已經達到能以簡單詞彙溝通的月齡，卻仍然只用手勢來表達想要的物品時，建議父母要多關注寶寶的語言發展狀況。

ST說給你聽

- 自然的肢體手勢動作是正常且很重要的一個語言發展階段，此時不要阻止寶寶用手勢動作溝通。
- 父母可以加入簡單的詞彙來協助寶寶理解，並連結詞彙及聲音的意義。

7. 用較簡短的關鍵詞與寶寶溝通，寶寶能快速學會說話嗎？

寶寶在學習說話時，會先從簡單的疊字單詞到雙詞期（使用不合語法的語詞組合來溝通），例如：「媽媽水水」（媽媽，我要喝水）。在這段時間，成人跟寶寶說話時也要用簡短的語句來與寶寶互動，能協助寶寶比較快理解成人的意思，也會比較快學會使用短句。父母雖然可以使用「媽媽語」和寶寶互動，但必須要使用符合語法的語句結構，也可透過強調**關鍵詞**以及使用**簡單明瞭的短句**，讓寶寶**快速理解**其意義並做出反應。當寶寶逐漸理解其詞彙及簡單句的含義後，寶寶在和父母的互動上也能更加順利[15]。

寶寶在學習說話時，父母如何引導寶寶理解是很重要的一環。6 個月大的寶寶在日常生活中聽到詞彙之頻率與其詞彙理解成正比，也就是說，在父母說的詞彙中，出現頻率較高的語詞，寶寶也較容易懂。父母說話的時候，**技巧性地讓關鍵詞重複**多次出現，能加速寶寶**理解**，當然也有助於寶寶的語言成長[16]。

ST 說給你聽

- 強調關鍵詞和寶寶溝通，可以提升寶寶理解詞彙或簡單語句的能力。
- 當寶寶的理解提升，他和父母的互動就會更加順利。

新手媽媽戰戰兢兢地想著怎麼給寶寶最佳的語言示範

8.可以使用圖片、卡片幫助寶寶學會更多詞彙、更會說話嗎？

　　在書店或嬰幼兒相關商店中，常看到許多一盒一盒不同種類帶有文字的圖卡，但這些圖卡能讓寶寶更會說話嗎？這些圖卡雖然可以協助寶寶對於日常生活比較不常見物品做命名的學習，但唸過以後當寶寶看到實際物品時，真的就可以連結到之前在圖卡上所學到的那個物品嗎？事實上，圖卡對寶寶來說是個快速學習詞彙的方式，但仍建議應多給予寶寶探索**實際物品**的機會，寶寶可以透過觀察物品不同的特徵，利用其**感官知覺**，摸一摸、聞一聞、敲一敲來感受實際物品，這樣反而能讓他對物品的功能和特徵有實際了解。當寶寶對更多的物品產生**興趣**後，他們在學習詞彙的能力上也能跟著提升。以下提供兩個互動情境做比較：

互動情境一：2 歲妮妮跟著媽媽一起看圖卡。
　　媽媽：「妮妮，妳看這是什麼？來跟我一起說『蘋果』。」
　　妮妮：「蘋果。」
　　（寶寶可能根本沒有注意看圖片，僅跟著仿說「蘋果」）
互動情境二：
　　妮妮：「媽媽，那是什麼？」
　　媽媽：「喔～那是蘋果！來，給妳一顆。」
　　妮妮：「蘋果。」
　　媽媽：「媽媽昨天切給妳吃的就是蘋果。好吃嗎？」
　　妮妮：「對啊～我喜歡吃蘋果。」
　　媽媽：「媽媽也很喜歡吃紅色圓圓的蘋果喔！」
　　（寶寶可以根據實物來了解「蘋果」的顏色和外觀）

　　寶寶學習語言的最佳方法，是在**真實**的**生活情境中**以有**意義**且**遊戲式**的**互動**方式，提供**重複**而**多次**的刺激 [17]。**跟著寶寶的興趣走**，與寶寶的互動頻率愈多，寶寶就會學得愈多。如果寶寶喜歡市面上學習產品的內容，在購買以後，還是需要父母的陪伴與參與，寶寶才會進步得快！

ST說給你聽

- 當手邊沒有實物時，圖卡即成為可以快速利用的材料，但仍然無法取代實物喔！
- 實際物品的嘗試和感官的探索，以摸一摸、聞一聞、敲一敲等方式來理解物品的特徵和功能，能更快速地讓寶寶的大腦將詞彙（如形容詞、動詞等）和當下情境連結，也能提升詞彙和認知的發展。

9. 寶寶在家話很多，但在外面或遇到不熟的人就不願意開口，怎麼辦？

對於剛進入託嬰中心或是幼兒園的寶寶，有可能因為對**環境的不熟悉**而表現出「在家一條龍，在外一條蟲」的現象。有些寶寶的個性比較害羞，或是到新環境中會比較謹慎，也許一開始會表現出安靜、不願加入團體活動的行為，但透過老師的引導下，通常最遲可以在 **1～3 個月內**漸漸融入團體生活中。因此，害羞只是寶寶的性格特質，並不影響語言表現及發展速度。

通常遇到這種情況，不需要強迫寶寶一定要說話，只要在旁觀察他的表現、確認他在學校是自在的，且**逐漸願意**參與班上的活動即可。

有另外一種情況叫做**選擇性緘默症**，這是一種因為**心理因素**（通常是對社交焦慮）而造成的溝通問題。這類寶寶具備說話的能力，但害怕在特定的情境下說話。當他們不焦慮時，可以表現得很活潑，一點也不害羞，因此這不僅是個性問題，而可能是因為對話語的焦慮而導致開不了口。何時要開始警覺是選擇性緘默症呢？通常當寶寶**適應新環境超過兩個月**，卻仍然不開口說話時，就要特別注意了。

目前，因為選擇性緘默症本來就**少見且不容易被辨識**[18]，在不同地區統計上的發生率從人口的 0.02%到 1.9%都有[4]，其診斷標準為：

1. 在**特定社交情境中**（如學校）**持續無法說話**，但在其他情境卻可以**說話**。
2. 前述狀況已**影響**學業或職業成就或**社交溝通**。
3. 困擾**持續**至少一個月（不包含入學的第一個月）。
4. 無法說話的原因並非對於該社交情境所使用的口語語言不夠熟悉或不習慣。

5. 主要原因並**非**溝通障礙（如口吃），且並非附屬於廣泛性發展障礙或
其他精神疾病。

　　如父母發現寶寶在不同情境中持續且已超過兩個月以上時，請轉介兒童
心智科，或是找心理師或語言治療師進行評估。

ST 說給你聽

- 觀察寶寶是否慢慢適應環境，不強迫開口說話。
- 選擇性緘默症很少見且不容易被辨識，父母如有疑問，可找心理師或
語言治療師進行評估。

10. 寶寶說話有點「臭乳呆」，是不是剪舌繫帶就好了？

　　舌頭在發音機制中是相當重要的角色，如擺放在口腔的不同位置時，可以發出如舌尖前音、舌面音、捲舌音等。從出生到長大，舌頭也會逐漸拉長、舌尖也會變薄。舌頭的功能主要是用來吸吮、嚼食、吞嚥，甚至是口腔清潔，而舌繫帶則是一條在舌下中間到嘴巴底部的皺褶。許多人有疑問：舌繫帶過短或過緊，到底會不會造成構音和進食的問題？孩子若出現構音問題（俗稱「大舌頭」或是台語的「臭乳呆」），在剪舌繫帶之後能改善嗎？

　　在構音方面，過去二十多年來，許多學者也一直在爭論舌繫帶鬆緊是否會影響構音，但現在大部分的研究都取得共識，如 Agarwal 等人 [19] 提出**舌繫帶過緊或過短對於構音的影響微不足道**。近幾年對於舌繫帶的討論已經沒有這麼熱烈，也許是因為許多有經驗的語言治療師發現，大部分有舌繫帶過緊問題的兒童依然能夠正確地發音。臨床上常見的構音障礙個案，許多也未觀察到有舌繫帶的問題。不管是在研究或是臨床上，舌繫帶在構音發展上已經取得共識，並非最關鍵的影響因素。在十多年前，美國的研究就發現約 4～5% 的新生兒有舌繫帶過短或過緊的現象 [20、21]。在大部分情況下，舌繫帶造成的功能問題會隨著兒童成長而改善，因為在兒童 5 歲以前，他們的口腔形狀和空間會有很巨大的改變，部分兒童的舌頭長度、運動範圍可能也會增加。除了少數比較嚴重的情況，舌繫帶過短並不會顯著影響日常生活功能 [22]。

　　在進食方面，雖然有大約 25% 舌繫帶過短的新生兒在餵母乳時，母親會觀察到寶寶在進食一開始要含住乳頭時會有點困難，但大部分的情況下並未出現進食障礙 [21]。要注意的是，隨著寶寶愈長愈大，如果一直存在吞嚥困難，或是無法順利使用舌頭清潔齒槽，有可能會造成齲齒的狀況。如果有以上情況，建議父母諮詢語言治療師、牙醫或是耳鼻喉科醫師。

　　因此，如發現寶寶有舌繫帶過短或過緊的問題，可以觀察其是否影響吞嚥狀況，此時需特別留意吞嚥時是否嗆咳或營養攝取不足。

　　以下列出了**舌繫帶過短或過緊的簡易辨識方法**：

・舌尖抬起時呈現 W 形狀。

・將舌尖放在上排牙齦與嘴唇間有困難。

・很難將舌頭放在嘴巴頂部硬顎處。

・舌頭左右移動的**靈活度不佳**。

當發現寶寶舌頭有出現如圖的 W 形狀且寶寶喝奶的量或體重一直
無法提升時，建議找耳鼻喉科醫師或語言治療師做進一步檢查

11. 寶寶是因為愛吃奶嘴或吃手指，才會說話不清楚嗎？

我們時常用台語的「臭乳呆」來形容寶寶講話口齒不清，但事實上口齒不清的原因有很多，除了比較特殊的唇顎裂或其他神經性運動障礙等因素外，一般兒童講話不清楚，大多源自於口腔功能尚未發展完全、舌頭靈活度及運動範圍不足、音韻發展未完全、正值換牙期的齒間漏風，甚至是聽力障礙而影響對語音的區辨等。

吃手指或長期吃奶嘴可能是造成齒列不整齊的原因之一，但不必然會造成口齒不清。有一個對學齡前兒童進行的研究指出，喜歡吸手指或吃奶嘴、使用奶瓶喝奶超過三年的嬰幼兒，有較高的比例會有發音的問題[23]。但對幼兒來說，吃奶嘴或吃手指有滿足心理需求的作用，因此父母不用太過於急著**讓寶寶戒奶嘴或禁止吃手指而影響其心理**，建議可以找些**替代的活動轉移其注意力**，讓他們慢慢地戒除吸吮奶嘴或手指。另外，父母也要觀察孩子吃奶嘴或吃手指的狀況是否有其他原因，或單純只是正常的口腔期發展。當發現孩子有講話口齒不清或俗稱「臭乳呆」的現象時，請根據目前寶寶的年齡，參考下一篇的言語清晰度進行進一步的觀察。

ST說給你聽

- 寶寶構音不清的原因，除了聽力、唇顎裂或其他神經性運動障礙外，他們的口腔肌肉力量、靈活度或音韻尚未完全發展之前都會影響口語清晰度，所以0～3歲寶寶的父母在這個時間不需太擔心。

寶寶睡覺時會吸手指，這樣會不會以後講話變成「臭乳呆」？

也許我們可以試著唸故事書轉移寶寶的注意力，再觀察一陣子。

　　有時寶寶在睡覺時會吸手指尋求安全感，家長不用過分擔心。
而吸手指也不是造成構音問題的主要原因，可以利用講故事
或唱輕音樂幫助寶寶放鬆、轉移注意力再慢慢戒掉

12. 寶寶講話的發音不正確要怎麼處理？

　　言語清晰度（speech intelligibility）指的是，兒童在一般對話的情境下，與不熟悉或比較少接觸的對象溝通時，對方能理解的語音占其說話內容的百分比。對於一個典型發展 3 歲以下的寶寶來說，其口腔功能及音韻辨識能力尚未發展完全，在這個時期的說話言語清晰度如果不佳，父母還不需要過於擔心，只要持續注意觀察即可。

　　在與不熟悉的對象說話時，父母可以根據寶寶目前的年齡，參考以下表格判斷其目前的言語清晰度是否適齡發展。在 **3 歲半至 4 歲間**，兒童的說話清晰度若尚未改善的話，建議父母可以試著**引導或示範**正確的發音。如果到了 4 歲，不熟悉的溝通對象依舊只能理解兒童 80%以下的說話內容時，建議父母諮詢語言治療師做構音評估，確認其是否出現構音發展遲緩，以免影響孩子進入小學後的互動與學習。

寶寶年齡與言語清晰度比例發展對照表 [24]

年　齡	比　例	年　齡	比　例
19～24 個月	25～50%	4～5 歲	75～90%
2～3 歲	50～60%	5 歲以上	90～100%
3～4 歲	60～75%		

　　如果父母已經確定孩子的構音或言語清晰度發展落後於同儕，還需要注意孩子的聽力是否正常。因為不同原因造成的聽力損傷，可能會**影響語音輸入與學習**。孩子在 3 歲半前，他們的口腔功能正逐漸發展中，且對年紀較小的孩子來說，他們是從對話中聽取每個詞的語音來學習說話，並透過不斷地聽、模仿後習得如何發出正確語音。

　　典型兒童在剛開始學習說話時，由於大腦對於母語當中的語音排列音韻規則還在慢慢熟悉，或者是因為構音器官及口腔動作協調還未發展成熟，他們會將成人能夠發出的語音簡化，而導致發音上的錯誤，但這個發音不清或是錯誤的階段都是正常的。這些**音韻錯誤類型（即音韻歷程）**會隨著兒童的年齡漸長，以及其構音器官和對母語中音韻規則的類化成熟而**逐漸消失**。根據國內的研究統計，以**華語為母語的音韻規則錯誤大約在 3～6 歲之間仍會存在，但會逐漸變少** [25]、[26]、[27]。不過，如果同時參考言語清晰度的發展，孩子的年齡若已超過 4 歲，卻仍然有某些音發不出來或是發的不正確，建議父母可以及早諮詢語言治療師，治療師會根據寶寶整體的構音和音韻表現，來判斷有無構音或音韻發展遲緩。

　　構音和音韻能力不僅會影響構音發展，也可能關係到部分兒童早期及學齡後的**讀寫能力** [28]、[29]。有些構音、音韻發展遲緩的兒童，在沒有語言治療師的介入下，構音能力也會隨著年齡和認知能力的增加而追上同儕，但部分兒童可能仍然存在音韻能力的困難，並表現在學齡後的讀寫能力上 [30]。在臨床上也可以見到一些兒童在學齡前未接受構音介入，在學齡後的構音問題仍持續存在，而且變得難以矯正。因此，建議父母如果發現孩子確實有構音、音韻的困難時，要及早尋求語言治療師的幫助，才能儘快解決現存的構音問題，以及為未來的讀寫能力打下好的基礎。

ST 說給你聽

- 在 0～4 歲階段，寶寶的言語清晰度在 75% 以內都屬正常，但 4 歲以上兒童的整體發音若仍然不清晰，需要盡快找語言治療師協助。
- 對音韻的覺識能力不只影響寶寶的構音發展，也可能關係到部分寶寶早期閱讀和學齡後的讀寫能力。

13. 寶寶懂很多詞彙，發音也正常，但說話卻結結巴巴，這是口吃嗎？

常見到父母帶著孩子前來並憂慮地問：「我覺得我的孩子有時講話都卡卡的，要講什麼卻又說不出來，一直我我我……這是不是口吃啊！要做治療嗎？」請父母們深呼吸，別緊張！除非家中本來就有口吃的家族史，否則可以先放寬心多觀察孩子的表現。

說話不流暢在每個人身上都會發生，通常在 1 歲半至 3 歲的孩童中，因為正在快速發展語言，**正常不流暢**（normal dysfluency）是很常見的現象，此時他們可能會出現某個詞一直重複，且較多時候會發生在語句的開頭時。**3 歲之後至 7 歲**若出現正常不流暢的現象，則多發生在詞彙或片語中（例如：「他……他……他抓我袖子」、「我會……我會……我會幫忙」）；在語句間，也常會穿插「ㄜ……」等聲音，或是在語句還沒完成時，就直接轉移話題或停止話題。大部分孩子會出現此種現象，多發生在他們較為**疲累、興奮或是太急著想要表達**某件事情時。有時正常的不流暢行為也會發生在問問題或在回答問題的時候。一般正常不流暢出現的比例約為說出的話之 10%以下，如果不流暢比例占說出的話之 10%以上，則須留意、觀察不流暢的現象是否仍持續發生 [31]。

口吃（stuttering）是最常見的言語流暢度異常，常見的行為如：**重複、延長、在語句說出前不尋常的猶豫**，或是**異常地在語音或語詞間出現停頓**，另外也常會伴隨**不尋常的臉部或肢體動作**，像是跺腳、眨眼、面部抽搐等。目前，並沒有辦法找出口吃的特定原因，但推測可能為家族遺傳。美國研究調查，在 60%的口吃個案中，也有其他家庭成員有口吃的狀況。另外一種可能造成口吃的原因，是口吃者在說話時的大腦神經迴路運作出現了異常。語言或言語有狀況的兒童，也有較高比例會有口吃的現象。此外，口吃個案的

語言及言語之處理過程也與一般同儕不相同。其他導致口吃的可能高風險因素，包含：父母對孩子的要求太高，或是生活步調較快而導致壓力產生，也可能會加重兒童口吃的情況 32。

　　另外一種比較少見的言語不流暢，叫做迅吃（cluttering）。**迅吃**是由於**整體語速過快**或是**語速不規律**而造成流暢度問題。在說話的表現上，由於語速快而且語音或音節經常省略或交疊在一起，會明顯影響說話的清晰度 33。因為迅吃較少見，而且一般父母對這類不流暢並沒有概念，臨床上有時會被當成構音問題來就診。

　　說話不流暢的現象通常會時好時壞，如果寶寶的對話中持續或是斷斷續續出現不流暢**長達 6 個月以上**，或是寶寶已經因為自己的言語不流暢而**感到沮喪**時，建議父母諮詢語言治療師。包括以下狀況：

- 多次重複音或詞（你你你……你好）。
- 拉長第一個語音或聲音（要～～～不要去公園）。
- 說話卡住時，嘴巴附近的肌肉出現顫抖現象。
- 音調和音量提高。
- 掙扎或緊張。
- 當下有恐懼感。

　　當父母發現寶寶出現言語不流暢時，先不要急著糾正，應**給予足夠的時間**，讓他們自己講完，也給予他們足夠的互動機會。大人跟寶寶說話的語速也要放慢，透過一來一往的輪替，讓孩子能有足夠的時間思考、給予評論或回應問題。如果觀察了一段時間，不流暢的問題並沒有改善，建議父母再尋求語言治療師的協助 34。

媽媽很急著想要糾正孩子言語不流暢的問題
而影響了寶寶心情甚至不願意再說一次

當媽媽給予足夠的時間讓寶寶表達時，孩子也不會
造成心理壓力不想講話，整體互動也變好了

ST說給你聽

- 1 歲半至 3 歲左右的寶寶，有時因為急著要表達想法，但因為詞彙提取跟不上表達而出現發展性不流暢的現象，這是正常的，父母不需太擔心。
- 在對話中，讓寶寶習慣一來一往的對話習慣，避免其他人搶話，並讓其有足夠的時間表達意見，可以協助消除發展性不流暢的狀況。
- 如寶寶說話不流暢現象持續六個月以上或開始對自己說話說不出來而感到沮喪時，請諮詢語言治療師做進一步檢查。

14. 寶寶講話時的聲音沙啞怎麼辦？

正常嗓音的表現應該是悅耳清晰、音量語調穩定適當，如果孩子自己或者家人察覺到發出來的嗓音和其他同年齡孩子相比，聲音大小、音質或是音調聽起來是不正常的，可能要懷疑孩子是否有嗓音異常的問題。嗓音異常可分成神經性嗓音異常、器質性嗓音異常，以及功能性嗓音異常。神經性嗓音異常為先天或後天的神經系統受損引起的嗓音問題；器質性嗓音異常指的是器官構造發生變化或受損所引起的嗓音問題；功能性嗓音異常可能與生理構造無關，而是因為發聲器官濫用、過度（abuse）使用，或者使用方式錯誤（misuse）所導致的嗓音異常。

聲帶結節（俗稱**聲帶長繭**）是學齡兒童最常見的嗓音問題[35、36]。在美國也有大約 **1.4～6%**的兒童有嗓音異常的問題[37、38、39]，在嗓音異常的學齡兒童當中，又有 **16.9%**有聲帶結節的診斷[40]，其可能原因是兒童習慣大聲說話、大吼大叫、習慣性清喉嚨或咳嗽等**過度使用聲音**，以及用**不正確的發聲習慣**所造成，例如：說話時太用力，導致聲帶撞擊過度，或是用氣音說話，使得聲帶沒有充分接觸。當孩子不是因感冒而產生的聲音沙啞，而是持續出現沙啞聲、嘶啞聲、說話時氣音增加，只要孩子的嗓音讓父母懷疑可能有問題時，建議可以找耳鼻喉科醫師做進一步的檢查，如有需要可轉介語言治療師，利用行為改變技巧或是嗓音訓練來改變發聲習慣。

ST說給你聽

- 除了器官構造發生變化的器質性嗓音異常，或是感冒所引起的聲音沙啞外，孩子的聲音沙啞多是因為發聲習慣錯誤或過度使用，如經常大吼大叫所導致的。

哥哥，我們來比賽，看是兔子還是烏龜跑得快！

寶寶沒有感冒或咳嗽，但他的聲音怎麼這麼沙啞？

媽媽！

也許之前去公園時，因為距離比較遠，他用大吼的方式叫媽媽才有這種狀況。下次要跟寶寶距離近一點或請他靠近一點再講。

寶寶小時還不清楚要如何控制音量，可以在互動或在戶外時找機會引導孩子小聲說話或是靠近溝通對象時再說，以免長久下來的過度使用造成嗓音問題

15. 若父母使用的語言不同，該跟寶寶說哪一種語言？

很多父母擔心，雙語或是多語言的環境對寶寶來說是不好的，因為擔心寶寶的大腦在發育階段要同時處理不同語言的訊息會太過吃力。事實上，**雙語寶寶的語言發展過程與單一語言寶寶是類似的**，自出生起就接觸雙語的寶寶也是在 1 歲左右開始使用單詞，2 歲左右開始使用雙詞短語，在語法上的發展順序也是類似的。由此可知，雙語環境對寶寶不會造成語言遲緩，或是讓已經有語言遲緩診斷的寶寶造成更大困擾，但如果雙語寶寶有語言或言語的問題，他的困難則會在兩種語言都反映出來 [41]。目前有許多研究指出，雙語學習對寶寶的大腦發展有下列幾項優勢：

- 對詞彙、句子結構和音韻規則的意識會提高。
- 大腦執行功能較高，也就是做計畫、應用資訊、問題解決的能力較強，對任務的注意力集中和任務間注意力的切換也更順暢。
- 學習新詞、閱讀技巧和理解詞彙類別概念（例如：能區分玩具類和食物類等詞彙）的能力比較強。
- 傾聽他人、與他人社交的能力較強。

當然，雙語學習也有缺點。雖然雙語寶寶在兩個語言合併的詞彙量不輸給單一語言寶寶，甚至詞彙量會更大，但若將兩個語言分開來，有可能個別的詞彙量比較小，**而且雙語使用者詞彙的提取速度**有可能較慢，但這個速度只是毫秒的差別，**在實際生活裡不會有顯著差異** [42]。目前大部分研究證據都指出，雙語學習的優點仍然遠大於缺點。

父母期待寶寶學習雙語，又要在兩個語言都表現完美是不切實際的。學習兩種語言，就像學習任何其他的技能一樣，需要非常大量的練習才能做得好。如果練習量不夠，寶寶使用兩種語言都可能出現困難。建議雙語環境中

的父母不見得要嚴格遵守「一個家長只能說一種語言」的規則，因為在現實中，雙語環境的家庭要去嚴格劃分兩種語言是非常困難的[41]。目前並沒有證據指出「一個家長只能說一個語言」的作法是促進雙語寶寶語言發展最好的方式，也無法證明這樣的作法可以降低語碼轉換（code switch）的現象。而且不管父母是否嚴格遵守這個規則，**雙語寶寶在說話時仍然會出現語碼轉換**。不管是兒童還是成人，語碼轉換是一種擁有雙語能力的人會自然出現的現象，不必視為異常[43]。**父母只要使用最輕鬆自在且流暢的語言和寶寶互動，就是對雙語發展最好的方式**[44]。

寶寶會自己選擇自己最熟悉且有信心的語言進行溝通，
因此建議父母也用自己熟悉且流利的語言和寶寶進行互動

ST說給你聽

- 雙語學習不會造成言語／語言的問題，也不會讓原本就存在的語言或言語問題加重。父母如果觀察到孩子在兩個語言都出現學習困難，要立即尋求語言治療師的協助。
- 如果寶寶在雙語環境長大，建議父母各自選擇自己最自在、自然又流暢的語言與寶寶溝通，這就是最好的方式。

16.寶寶適合讀一般幼兒園還是雙語幼兒園？

　　無論是從出生即開始的雙語或多語言學習的寶寶，或是在 3 歲之後又再學習別種語言的寶寶，並不會讓已存在的語言問題變得更嚴重。但，是否要讓寶寶去外語學校或是雙語學校上課就很難有標準答案，因為雙語學習和孩子未來的發展受到很多因素的影響：

- **父母未來的期待**：父母想要讓寶寶未來有什麼樣的規劃，是要他在一定年齡到國外就讀，或只是希望他擁有外語的專長？如果他學習第二語言，這個語言會經常使用嗎？
- **語言環境的豐富性**：在環境中，兩種語言輸入的量各自有多少？目前的許多研究都無法確切指出接觸第二語言的比例至少要達到多少，才足以讓寶寶成為雙語的使用者。但可以肯定的是，寶寶接觸的量愈多，愈能讓其自信地使用該種語言 [45、46]。
- **語言學習的資質及動機**：寶寶對語言結構是否敏感，例如：一個語言中的語法、詞彙、音韻結構之意識，以及能否運用學習第一語言的技巧來輔助第二語言 [47、48]。另外，語言教導的方式是比較制式死板，還是有趣活潑，皆會影響寶寶學習語言的動機，而高學習動機與第二語言的學習成果呈現正相關 [49]。老師給指令的方式，簡短清楚的指令要比很長的句子更容易讓寶寶學會新詞。寶寶是否有學習語言成功的經驗，也會影響其是否能維持高動機 [41]。

　　雖然影響雙語學習的因素很複雜，但仍然有一些建議能促進寶寶成為熟練的雙語使用者 [41、44、50]：

- **接觸兩種語言的量要充足**：如同上述所提，目前的研究並無法具體指出接觸第二語言要占日常生活中多久時間的比重，才能讓孩子成為熟練的雙語使用者，但許多研究都支持充足的第二語言輸入量是語言發

展的關鍵。

- 在**家庭**中要有很強的**支持**及父母的**正面教養**：父母要花大量的時間陪伴寶寶，進行對語言發展有幫助的活動，例如：閱讀繪本、遊戲互動、對話。孩子在學習語言的過程中有正向的經驗，才能維持學習語言的興趣。

- 語言的輸入品質要很高且增加大量的**同儕互動**機會：在閱讀繪本或對話的時候，如果父母可以用各種方式，解釋遇到的新詞彙意思給寶寶聽，相對於只是逐字的唸出來，對他的詞彙學習會更有幫助。另外，也可藉由參與課外活動、社區活動讓孩子練習使用第二語言來對話。這麼做也可以提升其溝通動機。

　　因為雙語學習是一個很複雜的議題，家長可以根據自己的價值觀和家庭能支持的程度，來做出對孩子最理想的決定。

學語言的好處有哪些？

和世界做交流　　　出國旅遊較不害怕　　　以後在職場上
更具國際觀　　　　　　　　　　　　　　更有競爭力

學習語言有以上所列的優勢，
也可以交到世界不同的朋友進行文化交流，擴展視野

媽媽正為了寶寶未來應該讀哪種幼兒園而苦惱。在思考學語言的重要性及未來規劃後覺得中文很重要，且目前沒有要送孩子出國念書的計畫。
因此決定讓寶寶在普通幼兒園把母語基礎打好，開心和同學互動也很重要

ST 說給你聽

- 雙語學習的質跟量同等重要。
- 語言學習過程有趣並創造成功經驗，對寶寶的雙語學習很重要。
- 除了幼兒園可能提供第二語言的輸入之外，多鼓勵寶寶在家庭、課外活動中享受第二語言學習的樂趣。

🎁 17. 寶寶什麼時候可以開始學習第二外語？

現今世界學習兩種或是更多種語言的人口不斷地在增加，上述曾經討論過，雙語環境並不會造成寶寶的語言發展遲緩，或是讓已有的語言問題變得更嚴重。對於整體發展及語言發展皆正常的孩子來說，他們會在**大約 20 個月時開始察覺兩個語言的不同，並能根據溝通的對象講哪個語言來做語言切換** [51、52]。

從 Paradis 等學者的研究也證實，7 歲的加拿大學童從出生至 7 歲這段時間同時接觸法語及英語，就他們的語言表現做分析後，其語言表達能力並不比僅說英語的同儕差 [53]。因此，從出生就同時接觸雙語的兒童和僅學習單一語言的兒童，他們的語言能力並沒有因為學習另一種語言而比較弱。所以只要寶寶的語言是適齡發展的，**雙語學習從出生就可以開始**。

> 語言是互動學習來的，只要有品質的互動次數夠多，寶寶隨時都可以學習新的語言。

> Let's sing "Twinkle Twinkle Little Star"

> 現在改唱中文的喔～一閃一閃亮晶晶。

> "Twinkle Twinkle Little Star"

> 滿天都是小星星……。

媽媽利用寶寶最喜歡的音樂進行親子互動學習雙語，透過有品質的一來一往互動，寶寶更能學習到詞彙，更進一步擴展語言能力

18. 如果我的寶寶有語言遲緩問題，雙語學習會不會更吃力？

　　從上述的討論中，已經了解到雙語環境不會造成寶寶的語言問題，而且雙語學習的好處遠勝於壞處，但如果寶寶已經發現有語言遲緩的現象，是否仍然適宜開展雙語教育，則取決於許多不同的因素與考量，並無標準答案。

　　上述提到，要同時精熟兩種語言，質與量同等重要。父母可以根據自己對寶寶未來的期待，以及雙語環境對寶寶的必要性，來為他們決定是否要投注精力和資源開展雙語教育。對學習語言來說，環境並非唯一的影響因素，其他如寶寶本身語言學習的資質、父母和寶寶互動的品質、是否能持續使用第二語言等，都會影響其未來整體的語言發展。在臨床上，已有孩子雖然一開始的語言發展落後於同儕，但在兩種語言能力上依舊能持續進步，甚至後來追上同儕。然而，有些語言表現落後的孩子，在雙語學習上的表現非常地吃力。此外，雙語環境有時來自於家庭因素，例如：父母為不同國籍，或是父母決定移居到說另一種語言的國家，因此建議父母應綜合考量所有的因素後，再決定要給寶寶什麼樣的語言環境。

寶寶的語言比同儕落後了，還適合學習雙語嗎？

雙語環境不會造成寶寶語言發展遲緩喔！

1. 只要寶寶的語言是適齡發展，雙語學習從出生就可開始。
2. 當寶寶有一定的詞彙量後，會根據溝通對象來切換要說的語言。

寶寶要精熟兩種語言，質與量都很重要，主要仍要考量未來規劃及環境資源，給寶寶最適當的學習環境，以協助他們語言發展

ST說給你聽

- 雙語學習的影響因素並非只有環境，還需考量寶寶與父母互動的質與量、本身語言學習的資質，以及第二語言是否能持續地使用。
- 雙語學習利大於弊，但父母應根據家庭狀況綜合考量，再幫寶寶判斷其是否需要學習雙語。

案例分享

在臨床上，雙語兒童可能出現各種複雜的情況，以下分享幾個案例給父母做為參考。

案例一（同時雙語）

小潔在香港出生，家中說的是粵語，出生不久後全家搬到台北。對小潔而言，國語及粵語都是日常生活中接觸的語言。小潔的媽媽表示，她 2 歲半才開口說話，3 歲開始，父母將她送到美國學校就讀，學習環境以全英語授課。小潔接觸國語、粵語及英語的比例，大約分別為 40%、20%、40%。

由於語言表現始終落後於同齡兒童，父母帶小潔去醫院尋找原因，後來在 3 歲多時，經診斷為語言發展遲緩。媽媽擔心她所處的語言環境太複雜會加深其語言學習的困難，所以父母在家中改和他說國語，但家中的其他成員，包含爸爸、媽媽和哥哥彼此之間仍然使用粵語溝通。當小潔剛開始接觸語言治療時，由於國語是環境中的主要語言，且治療師主要是以國語和少量的英語和她溝通，國語就順勢成為了她的優勢語言，對另外兩種語言的理解和表達則在這段時間的進展很有限。

經過了 2 年不間斷的語言治療後，小潔的國語能力已經追上同儕，英語和粵語能力也取得了不錯的進展。在 5 歲的追蹤評估結果顯示，她的英語只落後同儕約 6 個月。神奇的是，隨著她愈來愈有自信地使用國語，她也自然的學會了粵語，甚至能逐漸與家庭成員以粵語互動。

現在小潔 9 歲了，剛升上小學三年級，由於他在學校的時間約占一天當中的 60%以上，大量的刺激使得英語轉變為她的優勢語言。雖然她仍然會根據說話的對象決定要說哪種語言，前面所提到的語碼轉換現象也經常在她身上發生，但她已能夠流利地使用和切換三種語言，而且不影響溝通的有效性。當然，她的三個語言能力不會一樣好，可能取決於好幾種因素，例如：

在學校環境中較容易接觸到新的詞彙，待的時間較長也意謂著較持續的刺激，這些都有利於她在學術內容上以英語為主要溝通語言。在生活中，國語及粵語則成為較輕鬆的語言，她現在已經能夠很自然地善用這兩種語言和家人及朋友聊天與互動。

案例二（同時雙語）

丹尼的媽媽是台灣人，爸爸是荷蘭人。在日常生活中，媽媽習慣和他說國語，爸爸則和他說荷蘭語，但父母之間是以英語溝通。由於父母的工作因素，丹尼在 3 歲時全家搬到上海，父母則為丹尼安排了全荷蘭語授課的幼兒園就學。丹尼到 3 歲時還沒有開口說話，經診斷為語言發展遲緩後，父母幫他找了一位荷蘭籍的語言治療師，與另一位台灣籍的語言治療師，同時以兩種語言幫他進行語言治療。在為期一年左右的語言治療中，丹尼的兩種語言進步皆很緩慢。在他將滿 4 歲時，丹尼可以用國語命名單詞，也可以模仿荷蘭語的許多詞彙，但仍然無法獨立說出。

4 歲之後全家搬到台北，丹尼開始上幼兒園。這段期間，他的國語接觸量大約占日常生活的 80～90%，荷蘭語則因接觸來源只剩下爸爸，而變得很有限。逐漸地，隨著丹尼升上小學二年級，在不間斷的語言治療協助下，他的國語能力顯著提升，即使在中文的讀寫方面遇到很大困難，僅能勉強跟上學校課業，但他的口語能力獲得很大提升，甚至已經和一般台灣的孩子無明顯差別。他的荷蘭語則進步有限，僅能用日常生活中簡短的句子與爸爸和親戚之間溝通。在學校時，丹尼也必須學習英語，而他對英語非常感興趣，也會不時說出幾個英語單詞，但他在學習英語也表現得非常辛苦。

在此所舉的例子，都是臨床上語言或讀寫曾經遭遇困難的孩子，但請不要忘記，雙語環境不是造成語言或讀寫困難的原因，所以他們的經驗不一定會出現在你的孩子身上，只是分享這些真實的案例讓父母做為參考。

案例三（順序雙語）

　　詹姆斯的父母是中國廣東人，他在美國出生，但從小家中是以粵語為主要溝通語言。在上學以後，第二語言（英語）逐漸變成他的優勢語言。華語則一直到他高中時才有系統性地接觸，來源則是學校的制式中文課，此導致他對華語缺乏興趣且體驗不佳。

　　直到成年以後，因為工作需求，這三種語言都能派上用場。他的華語能力原先非常有限，但工作上大量的練習機會，以及社交上與朋友的使用，使他的華語能力有很大的進步，並能在工作中流暢地使用。詹姆斯現在對華語的觀感改變很大，但身為一個完美主義的語言治療師，他有時覺得多語言的能力反而是一種困擾。因為當他使用其中一種語言時，腦中所提取的詞彙時常來自於另一種語言，但語碼轉換的過程讓他覺得表達上受到干擾。

　　在多語言的工作環境中，他時常需要在這三種語言中切換，一天下來他會覺得自己的認知負擔很大。粵語仍然是他和家人及朋友的主要溝通語言，也是他覺得表達起來最舒服自在的語言。他覺得能夠使用多種語言是一種優勢，因為這讓他的工作有更多的機會及別人無法取代的能力。

案例四（同時雙語）

　　珍是個新加坡人，從小就在華語和英語並存的環境中長大。她在小學時曾經念過華語學校，而且很喜歡看台灣漫畫，追台灣的華語偶像劇。這讓她的華語學習經驗相較於其他新加坡同儕而言更為豐富。上了中學之後，一直到碩士畢業，珍所讀的學校都是以英語授課為主。在日常生活中和朋友交流時，華語和英語都會使用，但英語占的比例約為 65%。由於珍的中文讀寫基礎大多是在小學建立，因此她不擅於中學以上程度的中文讀寫。她也時常經歷語碼轉換的現象，但珍本身並不覺得這是一種困擾，反而認為這是身為雙語使用者的一種自然現象，只要她的溝通伙伴能夠理解她所説的話就好。珍為她的雙語能力感到自豪，因為這讓她的工作和社交生活都可以更加豐富。

參、寶寶會說的前 300 個詞彙

 跨出語言的第一步……

寶寶在媽媽肚子裡就可以聽到聲音，出生後開始動嘴巴玩聲音，大約到了 11 個月，寶寶便開始嘗試「說話」這件大事！

寶寶會說的話多是由互動中學習而來，所以知道寶寶會說哪些詞彙，也等於知道寶寶體會了哪些生活經驗！我們依據華語研究資料[1、2]，整理出寶寶在語言發展之初，最早出現的 300 個詞彙。父母除了可以記錄寶寶的詞彙量之外，也歡迎觀察寶寶的詞彙類型。我們將詞彙簡單分成九大類，分別是：名詞、人稱、形容、動作、社交、方位、問句、時間、其他，從這些類別中可以發現：寶寶初期會說的詞彙以具體的名詞居多，隨著認知發展和互動經驗，寶寶的詞彙種類會像開花一樣，逐步綻放喔！圈選看看，目前寶寶的語言世界裡有哪些詞彙！您也可以在筆記欄記錄下寶寶特有的詞彙。

請注意：每個寶寶的生活環境與發展皆不相同，有些詞彙發展的順序可能會有所不同。

前 100 個詞彙（約 20～22 個月）

分類		詞彙	筆記欄
名詞	生活類	球、汽車、電話、花、下雨、飛機、藥、椅子、氣球、筆、書、娃娃、泡泡、杯子、牙刷、湯匙、鑰匙、電視、門	
	動物類	小狗、魚、小貓、小鳥、鴨子、小熊、雞、豬、馬、牛、羊、蟲蟲	
	身體類	手、眼睛、耳朵、嘴、腳、鼻子、屁股、胸部（ㄋㄟ ㄋㄟ）、肚子、頭、頭髮、鳥鳥（生殖器）、臉	
	食物類	牛奶、水、麵、飯、蛋蛋、香蕉、糖糖、餅乾、麵包、湯湯、草莓、肉、蘋果、蔬菜、布丁	
	衣物類	鞋鞋、尿布、褲子、帽帽（帽子）、襪襪（襪子）	
人稱		爸爸、媽媽、阿公／爺爺／外公、阿嬤／奶奶／外婆、姊姊／弟弟／哥哥／妹妹、姑姑／阿姨、伯伯／舅舅／叔叔、小寶寶、自己的名字	
形容		臭臭、燙燙、痛痛、好棒、好怕、濕濕	
動作		抱、走、要、打、吃、坐、拍拍手、洗澡、噓、尿尿、睡覺、吃飯、上廁所（尿尿、便便）、散步、溜滑梯、刷牙、看書、換布布（尿布）、洗、拿、哭、喝、拍、打開	
社交		再見、掰掰、謝謝、哈囉、嗨、晚安	
方位		這裡	
其他		不要、這個、是、好、對	

前 200 個詞彙（約 22～24 個月）

分類		詞彙	筆記欄
名詞	生活類	貼紙、錢、玩具、碗、吸管、眼鏡、被子、雨傘、樹、火車、腳踏車、垃圾車、機車（摩托車）、公車（巴士）、毯子、枕頭、貼紙、錢、手機、電燈、衛生紙、月亮、星星、太陽、石頭、家、桌子、床、樓梯、廁所、電腦	
	動物類	兔子、大象、螞蟻、蝴蝶、青蛙、企鵝、猴子、老虎、蚊子、老鼠、小雞	
	身體類	肚臍、牙齒、手指頭	
	食物類	玉米、養樂多、蛋糕、紅／白蘿蔔、西瓜、草莓、葡萄	
	衣物類	外套（夾克）、拖鞋、扣子	
人稱		家人的名字、我、我的	
形容		髒髒、暗暗、冰冰、熱熱、亮亮、好吃、好多	
動作		跳舞、唱歌、看電視、打電話、玩、丟、跌倒、脫、畫畫、吹、擦、跑、切、壓、牽手、切、看、穿、去、來、親、關、跳、給	
社交		對不起	
方位		那裡	
問句		什麼、哪裡、咦	
其他		兩隻（量詞）、剪刀石頭布、走開、過來、那個、不是／不對、好了、不可以、不行	

前 300 個詞彙（約 24～26 個月）

分類		詞彙	筆記欄
名詞	生活類	積木、剪刀、電風扇、紙、鏡子、垃圾桶、掃把、皮包、毛巾、牙膏、遙控器、船、娃娃車、怪手（挖土機）、垃圾、冰箱、葉子、7-11、公園、馬桶、房間、某某的家、計程車、救護車、卡車、消防車	
	動物類	獅子、烏龜、長頸鹿、蝦子、蜜蜂、螃蟹、公雞、毛毛蟲、蛇、綿羊、蜘蛛	
	身體類	脖子、眉毛、舌頭、指甲、背	
	食物類	柳丁、巧克力、薯條、橘子、芭樂、果汁、水果、番茄醬、炒飯、冰淇淋、糖、茶、汽水、吐司、包子、雞肉	
	衣物類	圍兜、背心、衣物	
人稱		你、你的、某某人的、小朋友、醫生	
形容		破、漂亮、不乖、好香（香香的）、辣辣（好辣）、餓、好飽、大、小、可愛	
動作		躲貓貓、轉圈圈、買東西、逛街、咬、騎、掉、撿、流（鼻涕）、工作／上班、爬、握手、笑、餵、敲、搖、拉、煮、喜歡	
社交		早安、你好	
方位		後面	
問句		誰？好不好？	
時間		等一下、完了、＿＿＿＿了（說過了、吃飽了）	
其他		還有、沒有、地點	

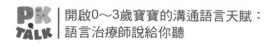

肆、專業的語言治療師哪裡找

　　若擔心寶寶疑似有溝通語言發展異常或遲緩的問題，可以找誰呢？找語言治療師就對了！語言治療師領有專業證照，能提供家長諮詢建議與評估寶寶是否需要接受語言治療。以下是語言治療師的服務地點資訊整理。

地點	服務說明
聯合評估中心	隸屬於醫院聯合評估中心的語言治療師，可提供跨科別或跨專業的資源服務。由醫師統整寶寶需要的醫療資源，除了轉介語言治療師之外，也可能會轉介其他相關專業團隊人員（如其他科別的醫師、物理治療師、職能治療師、心理師、聽力師、社會工作師、特教老師等）。評估完畢，醫生會給予家長統整性的評估結果與建議，若確定寶寶有溝通語言療育的需求，便會轉介給語言治療師。費用大多為健保或需要部分負擔。
	單位查詢： 衛生福利部社會及家庭署發展遲緩兒童通報暨個案管理服務網 （https://reurl.cc/Y1XEm0）
復健科、耳鼻喉科、心智科、顱顏中心	隸屬於醫院或診所專科的語言治療師，除了寶寶溝通語言評估與療育之外，也提供專科服務，例如：嗓音治療、吞嚥治療、唇顎裂兒童語言治療。寶寶經由專科醫師看診確認有溝通語言的評估需求後，會轉介語言治療師進行後續的諮詢與療育。費用有健保、部分負擔或自費。 ＊注意：不一定所有醫療院所都有語言治療師，可先致電詢問。
	單位查詢： 財團法人發展遲緩兒童基金會 （https://reurl.cc/exOznx）

地點	服務說明
語言治療所	2008 年《語言治療師法》公布之後，語言治療師的服務地點又多了語言治療所。語言治療所通常設立於居家附近的社區中，聯絡管道直接且方便，又能得到專業的評估與建議。費用多為自費，有些單位可能可以申請政府補助。
	單位查詢： 衛生福利部醫事查詢系統（搜尋「語言治療所」） （https://ma.mohw.gov.tw/masearch/）

伍、寶寶語言能力發展里程碑

寶寶語言能力發展里程碑

寶寶聽懂

- ☐ 對大的聲音有反應。
- ☐ 對寶寶說話時，寶寶會笑或安靜下來。
- ☐ 能分辨他人的聲音。
- ☐ 對環境中的聲音有反應，會轉動眼睛尋找聲音來源。
- ☐ 對發光或發出聲音的玩具有反應。

出生 —————— **4個月**

寶寶會說

- ☐ 會發出一些聲音，如：呼嚕呼嚕、ㄚㄚ、嗯嗯。
- ☐ 會因為肚子餓或尿布濕而發出不同哭聲。
- ☐ 會看著人，並與人互動，會笑、會扭動身體。
- ☐ 會發出兩種以上不一樣的聲音，如：嗚嗚、誒誒。
- ☐ 會出聲音回應對自己說話的人。

各單元參考文獻

壹、寶寶的溝通語言能力

1. Wagner, T. (2015). *Most likely to succeed: Preparing our kids for the innovation era*. New York, NY: Scribner.

2. Redmond, S. M. (2011). Peer victimization among students with specific language impairment, attention-deficit/hyperactivity disorder, and typical development. Language, *Speech, and Hearing Services in Schools, 42*(4), 520-535.

3. van den Bedem, N. P., Dockrell, J. E., van Alphen, P. M., Kalicharan, S. V., & Rieffe, C. (2018). Victimization, bullying, and emotional competence: Longitudinal associations in (pre)adolescents with and without developmental language disorder. *Journal of Language, Speech, and Hearing Research, 61*(10), 1-17.

4. Owens, R. E. (2016). *Language development: An introduction* (9th ed.). Boston, MA: Pearson.

5. Fahey, K. R., Hulit, L. H., & Howard, M. R. (2018). *Born to talk: An introduction to speech and language development* (7th ed.). Boston, MA: Pearson.

6. Otto, B. W. (2017). *Language development in early childhood education* (5th ed.). Boston, MA: Pearson.

7. American Speech Hearing and Language Association. [ASHA] (2018a). *Social communication*. Retrieved from https://reurl.cc/YK1Lx

8. American Speech Hearing and Language Association. [ASHA] (2018b). *2018 speech-language pathology: Certification handbook of the American Speech-Language-Hearing Association*. Retrieved from https://reurl.cc/gX7L7

9. Weitzman, E. (2017). *It takes two to talk: A practical guide for parents of children with language delays* (5th ed.). Toronto, Canada: The Hanen Centre.

10. Gleason, J. B., & Ratner, N. B. (2016). *The development of language* (9th ed). Boston, MA: Pearson.

11. Friederici, A. D., & Chomsky, N. (2017). *Language in our brain: The origins of a uniquely human capacity.* Boston, MA: The MIT Press.

12. Gordon, R. G. (Ed.) (2015). *Ethnologue: Languages of the world* (15th ed.). Dallas, TX: SIL International.

13. Brain Connection (2018). *About.* Retrieved from https://reurl.cc/bK51E

14. 黃瑞珍、李佳妙、黃艾萱、吳佳錦、盧璐（2009）。零歲至三歲華語嬰幼兒溝通及語言篩檢測驗。台北市：心理。

15. Gilkerson, J., & Richards, J. A. (2009). *The power of talk.* Boulder, CO: LENA.

16. Gladfelter, A., Wendt, O., & Subramanian, A. (2011). Evidence-based speech and language intervention techniques for birth to 3 population. *EBP Briefs, 5*(5), 1-10.

貳、寶寶的溝通語言 Q 與 A

1. Ota, M., Davies-Jenkins, N., & Skarabela, B. (2018). Why choo-choo is better than train: The role of register-specific words in early vocabulary development. *Cognitive Science, 42*, 1974-1999.

2. Ozcalskan, S., & Goldin-Meadow, S. (2010). Sex differences in language first appear in gesture. *Developmental Science, 13*(5), 752-760.

3. Fisher, E. L. (2017). A systematic review and meta-analysis of predictors of expressive-language outcomes among late talkers. *Journal of Speech, Language, and Hearing Research, 60*, 2935-2948.

4. American Speech-Language-Hearing Association. [ASHA] (2019). *Late blooming or language problem* [Information for the Public]. Retrieved from https://reurl.cc/NjyOjm

5. Canadian Pediatric Society. (2017). *Screen time and young children: Promoting health and development in a digital world.* Retrieved from https://reurl.cc/g7aNmp

6. American Academy of Pediatrics. (2017). *American Academy of Pediatrics announces new recommendations for children's media use.* Retrieved from https://reurl.cc/qd0amD

7. Moody, A. K., Justice, L. M., & Cabell, S. Q. (2010). Electronic versus traditional story-books: Relative influence on preschool children's engagement and communication. *Journal of Early Childhood Literacy, 10*(3), 294-313.

8. Shamir, A., Korat, O., & Fellah, R. (2012). Promoting vocabulary, phonological awareness and concept about print among children at risk for learning disability: Can e-books help? *Reading and Writing, 25*, 45-69.

9. Salmon, L. (2014). Factors that affect emergent literacy development when engaging with electronic books. *Early Childhood Education Journal, 42*, 85-92.

10. Madigan, S., Browne, D., Racine, N., Mori, C., & Tough, S. (2019). Association between screen time and children's performance on a developmental screening test. *JAMA Pediatric, 173*(3), 244-250.

11. Greenberg, J., & Weitzman, E. (2014). *I'm ready! How to prepare your child for reading success*. Toronto, Canada: The Hanen Centre.

12. Hirsh-Pasek, K., Adamson, L. B., Bakerman, R., Owen, M. T., Golinkoff, R. M., Pace, A., Yust, P. K. S., & Suma, K. (2015). The contribution of early communication quality to low-income children's language success. *Psychological Science, 26*(7), 1071-1083.

13. Capone Singleton, N., & Saks, J. (2015). Co-speech gesture input as a support for language learning in children with and without early language delay. *Perspectives on Language Learning and Education, 22*, 61-71.

14. Goldin-Meadow, S. (2015). Gesture as a window onto communicative abilities: Implications for diagnosis and intervention. *Perspectives on Language Learning and Education, 22*, 50-60.

15. Hadley, P. A., McKenna, M. M., & Rispoli, M. (2018). Sentence diversity in early language development: Recommendations for target selection and progress monitoring. *American Journal of Speech-Language Pathology, 27*, 553-565.

16. Bergelson, E., & Aslin, R. N. (2017). Nature and origins of the lexicon in 6-mo-olds. *Proc Natl Acad Sci USA, 114*, 12916-12921.

17 Joelving, F. (2010). *Baby Einstein DVD fails to boost language*. Reuters. Retrieved from https://reurl.cc/ar4EvG

18. Busse, R. T., & Downey, J. (2011). Selective mutism: A three tiered approach to prevention and intervention. *Contemporary School Psychology, 15*, 53-63.

19. Agarwal, P., & Raina, V. K. (2003). *Tongue-tie: An update*. Retrieved from https://reurl.cc/ZOy8QV

20. Messner, A. H., Lalakea, L., Aby, J., Macmahon, J., & Bair, E. (2000). Ankyloglossia: Incidence and associated feeding difficulties. *Archives of Otolaryngology-Head and Neck Surgery, 126*(1), 36-39.

21. Ricke, L. A., Baker, N. J., Madlon-Kay, D. J., & DeFor, T. A. (2005). Newborn tongue-tie: Prevalence and effect on breast-feeding. *Journal of the American Board of Family Practice, 18*(1), 1-7.

22. Kummer, A. (2005). Ankyloglossia: To clip or not to clip? That's the question. *ASHA Leader, 10*(17), 6-30.

23. Barbosa, C., Vasquez, S., Parada, M. A., Gonzalez, J. C. V., Jackson, C., Yanez, N. D., Gelaye, B., & Fitzpatrick, A. L. (2009). The relationship of bottle feeding and other sucking behaviors with speech disorder in Patagonian preschoolers. *BMC Pediatrics*. Retrieved from https://reurl.cc/exdQ9R

24. Pena-Brooks, A., & Hegde, M. N. (2007). *Assessment and treatment of articulation and phonological disorders in children: A dual-level text* (2nd ed.). Austin, TX: Proed.

25. 卓士傑（2008）。**台灣學齡前三到六歲兒童構音／音韻發展**（未出版之碩士論文）。國立台北護理學院，台北市。

26. 鄭靜宜（2003）。**兒童國語構音測驗**。台南市：國立台南大學特殊教育學系。

27. 蕭育倫（2008）。**學前兒童音韻能力的評量及詞彙材料相關因素探討**（未出版之碩士論文）。國立高雄師範大學，高雄市。

28. 簡欣瑜、劉惠美（2015）。學前語音異常兒童的讀寫能力發展。**特殊教育季刊**，**136**，1-9。

29. Sices, L., Taylor, H. G., Freebairn, L., Hansen, A., & Lewis, B. (2007). Relationship between speech-sound disorders and early literacy skills in preschool-age children: Impact of comorbid language impairment. *Journal of Developmental and Behavioral Pediatrics, 28*(6), 438-447. doi:10.1097/DBP.0b013e31811ff8ca

30. 劉義翔、黃瑞珍（2017）。國小中年級閱讀障礙兒童伴隨語言問題之研究。**特殊教育學報，46**，31-54。

31. National Stuttering Association. (n.d.). *What is stuttering*? Retrieved from https://reurl.cc/9ER0rv

32. Mayoclinic.org. (2019). *Stuttering-diagnosis and treatment-Mayo Clinic*. Retrieved from https://reurl.cc/vD6GqA

33. St. Louis, K. O., & Schulte, K. (2011). Defining cluttering: The lowest common denominator. In D. Ward & K. Scaler Scott (Eds.), *Cluttering: Research, intervention and education*. East Sussex, UK: Psychology Press.

34. The Stuttering Foundation. (2019). *If you think your child Is stuttering.... [online] Stuttering Foundation: A nonprofit organization helping those who stutter*. Retrieved from https://reurl.cc/X6mxlD

35. Martins, R. H., Hidalgo Ribeiro, C. B., Fernandes de Mello, B. M., Branco, A., & Tavares, E. L. (2012). Dysphonia in children. *Journal of Voice, 26*, e17-e20.

36. Martins, R. H., doAmaral, H. A., Tavares, E. L., Martins, M. G., Goncalves, T. M., & Dias, N. H. (2015). Voice disorders: Etiology and diagnosis. *Journal of Voice*. Advance online publication. doi:10.1016/j.jvoice.2015.09.017

37. Black, L. I., Vahratian, A., & Hoffman, H. J. (2015). *Communication disorders and use of intervention services among children aged 3-17 years: United States, 2012* (NCIIS Data Brief, No. 205). Hyattsville, MD: National Center for Health Statistics.

38. Carding, P. N., Roulstone, S., Northstone, K., & The ALSPAC Study Team. (2006). The prevalence of childhood dysphonia: A cross-sectional study. *Journal of Voice, 20*, 623-629.

39. Duff, M. C., Proctor, A., & Yairi, E. (2004). Prevalence of voice disorders in African American and European American preschoolers. *Journal of Voice, 18*, 348-353.

40. Kilic, M. A., Okur, E., Yildirim, I., & Guzelsoy, S. (2004). The prevalence of vocal fold nodules in school age children. *International Journal of Pediatric Otorhinolaryngology, 68*, 409-412.

41. Gleason, J. B., & Ratner, N. B. (2016). *Development of language* (9th ed.). London, UK: Pearson.

42. Bialystok, E., Poarch, G., Luo, L., & Craik, F. I. M. (2014). Effects of bilingualism and aging on executive function and working memory. *Psychology and Aging, 29*, 696-705.

43. Paradis, J., Genesee, F., & Crago, M. (2011). *Dual language development and disorders: A handbook on bilingualism and second language learning* (2nd ed.). Baltimore, MD: Paul H. Brookes.

44. Lawry, L. (2019). *Bilingualism in young children*. Toronto, Canada: The Hanen Centre.

45. Hoff, E., Core, C., Place, S., Rumiche, R., Senor, M., & Parra, M. (2012). Dual language exposure and early bilingual development. *Journal of Children Language, 39*(1), 1-27.

46. Scheele, A., Leseman, P., & Mayo, A. (2010). The home language environment of monolingual and bilingual children and their language proficiency. *Applied Psycholinguistic, 31*, 117-140.

47. Dahlen, K., & Caldwell-Harris, C. (2013). Rehearsal and aptitude in foreign vocabulary learning. *The Modern Language Journal, 97*(4), 902-916. Retrieved from https://reurl.cc/MvyWbW

48. Smemoe, W., & Haslam, N. (2003). The effect of language learning aptitude, strategy use and learning context on L2 pronunciation learning. *Applied Linguistics, 34*(4), 435-456.

49. Sparks, R., Patton, J., Ganschow, L., & Humbach, N. (2009). Long term crosslinguistic transfer of skills From L1 to L2. *Language Learning, 59*(1), 203-243. doi: 10.1111/j.1467-9922.2009.00504.x

50. Dixon, L., Zhao, J., Quiroz, B. G., & Shin, J. (2012). Home and community factors influencing bilingual children's ethnic language vocabulary development. *International Journal of Bilingualism, 16*(4), 541-565. doi:10.1177/1367006911429527

51. Genesee, F. (2009). Early childhood bilingualism: Perils and possibilities. *Journal of Applied Research in Learning, 2*(Special Issue), 1-21.

52. Genesee, F., & Nicoladis, E. (2006). Bilingual acquisition. In E. Hoff & M. Shatz (Eds.), *Handbook of language development* (pp. 324-342). Oxford, UK: Blackwell.

53. Paradis, J., Crago, M., & Rice, M. (2003). French-English bilingual children with SLI: How do they compare with their monolingual peers? *Journal of Speech, Language, and Hearing Research, 46*, 113-127.

參、寶寶會說的前 300 個詞彙

1. 黃瑞珍、李佳妙、黃艾萱、吳佳錦、盧璐（2009）。零歲至三歲華語嬰幼兒溝通及語言篩檢測驗。台北市：心理。

2. 劉惠美、陳昱君（2015）。華語嬰幼兒表達性詞彙的語意內容及詞類組成之發展。教育心理學報，**47**（2），217-242。

國家圖書館出版品預行編目（CIP）資料

開啟 0～3 歲寶寶的溝通語言天賦：語言治療師說
給你聽／黃瑞珍等著；張簡育珊、廖國翔繪圖.
-- 初版. -- 新北市：心理，2020. 07
面； 公分. --（溝通魔法系列；65901）
ISBN 978-986-191-913-3（平裝）

1. 幼兒語言發展

523.16   109008820

溝通魔法系列 65901

開啟 0～3 歲寶寶的溝通語言天賦：語言治療師說給你聽

作　　　者：黃瑞珍、鄭子安、黃艾萱、李卉棋、林姵妡
繪 圖 者：張簡育珊、廖國翔
責任編輯：郭佳玲
總 編 輯：林敬堯
發 行 人：洪有義
出 版 者：心理出版社股份有限公司
地　　　址：231026 新北市新店區光明街 288 號 7 樓
電　　　話：(02) 29150566
傳　　　真：(02) 29152928
郵撥帳號：19293172　心理出版社股份有限公司
網　　　址：https://www.psy.com.tw
電子信箱：psychoco@ms15.hinet.net
排 版 者：辰皓國際出版製作有限公司
印 刷 者：上海印刷廠股份有限公司
初版一刷：2020 年 7 月
初版二刷：2022 年 2 月
I S B N：978-986-191-913-3
定　　　價：新台幣 300 元

擁有一個禮物盒

　　人類複雜的溝通語言天賦是上天賜給我們的禮物，帶領父母如何開啟這份禮物，是本書的目的。當您走過本書的每個部分，藝術家呂英菖希望您和您的孩子可以透過親子互動著色的方式，製作屬於自己「心中美好的禮物盒」。您可以留在書中，也可以將這份與孩子一起完成的禮物盒裝裱起來，記錄這段特別的歷程。

呂英菖・星空下的禮物・墨・紙本・21×29 cm・2020